Du même auteur

Développement du moi, Sherbrooke, Les éditions du CRP, Université de Sherbrooke, faculté d'éducation, 1981, 1990.

S'entraider, 1re édition (épuisée), Montréal, Éditions de l'Homme, 1982.

Chômage mode d'emploi (en collaboration), Montréal, Éditions de l'Homme, 1983.

Trouver son travail (en collaboration), Saint-Laurent, Fides, 1987.

Le développement en tête (en collaboration), Sherbrooke, Les éditions du CRP, Université de Sherbrooke, faculté d'éducation, 1988.

L'orientation et les groupes dans une optique carriérologique, Saint-Laurent, Fides, 1989.

Formation à l'entraide vocationnelle (en collaboration), Montréal, Agence d'Arc, 1989.

L'avenir entre nous (en collaboration), Montréal, Agence d'Arc, 1989.

L'insertion professionnelle, avant, pendant et après (en collaboration), Montréal, Agence d'Arc, 1991.

S'entraider

Conception graphique de la couverture: Katherine Sapon

DISTRIBUTEURS EXCLUSIFS:

- Pour le Canada et les États-Unis:
  LES MESSAGERIES ADP*
  955, rue Amherst, Montréal H2L 3K4
  Tél.: (514) 523-1182
  Télécopieur: (514) 521-4434
  * Filiale de Sogides Ltée

- Pour la Belgique et le Luxembourg:
  PRESSES DE BELGIQUE S.A.
  Boulevard de l'Europe 117
  8-1301 Wavre
  Tél.: (10) 41-59-66
  (10) 41-78-50
  Télécopieur: (10) 41-20-24

- Pour la Suisse:
  TRANSAT S.A.
  Route du Grand-Lancy, 2, C.P. 125, 1211 Genève 26
  Tél.: (41-22) 42-77-40
  Télécopieur: (41-22) 43-46-46

- Pour la France et les autres pays:
  INTER FORUM
  13, rue de la Glacière, 75624 Paris Cédex 13
  Tél.: (33.1) 43.37.11.80
  Télécopieur: (33.1) 43.31.88.15
  Télex: 250055 Forum Paris

Jacques Limoges

S'entraider

Programme d'amélioration de la relation d'aide

LES ÉDITIONS DE L'HOMME

cim

Données de catalogage avant publication (Canada)

Limoges, Jacques

S'entraider

Publ. en collab. avec: CIM.
Comprend des références bibliographiques.

ISBN 2-7619-0992-5

1. Counseling. 2. Relations humaines. 3. Comportement d'aide. I. Centre interdisciplinaire de Montréal. II. Titre.

BF637.H4L54 1991 158'.3 C91-090920-2

Dépôt légal: 4e trimestre 1991
Bibliothèque nationale du Québec

ISBN 2-7619-0992-5

Remerciements

à Denise Paul pour avoir révisé le manuscrit avec vigilance, écoute et assiduité.

À ces maîtres qui, tout au long de ma vie, furent pour moi, un jour ou l'autre, des évocateurs:

Roger, évocateur *d'équité*
Philibert, évocateur *de vitalité*
Louis-Marie, évocateur *de polyvalence*
Alfred, évocateur *de sagesse*
John-Luke, évocateur *de l'existence*
Andrew, évocateur *du maître passionné*
Pierre, évocateur *de la fierté identitaire*
René, évocateur *du questionnement*
Ralph, évocateur *du message*

Je les remercie d'avoir été ce qu'ils sont. À mon tour, je souhaite assumer *une* fonction *d'énonciateur.*

Dans ce texte, le genre masculin est généralement utilisé sans aucune discrimination et uniquement dans le but de l'alléger.

Introduction

Mon implication dans l'entraide demeure toujours imprévisible et gratuite en ce sens qu'elle n'a jamais fait l'objet d'une planification rationnelle de ma part. Et pourtant, aujourd'hui même je ne puis que constater que vingt ans durant, cette implication s'est déroulée de façon cohérente selon un cycle quinquennal à quatre temps: sensibilisation, engagement, production et dissémination.

Né dans une famille de neuf enfants vivants[1], je naquis pour ainsi dire dans l'entraide! Là, j'ai découvert expérimentalement et à mon insu les impacts de la famille sur l'enfant.

Au printemps de l'adolescence, l'enrôlement plus ou moins volontaire[2] dans les Croisés du Sacré-Cœur me rendit sensible à mes pairs délaissés et taciturnes. Ne furent-ils pas ceux que l'on surnommerait aujourd'hui les jeunes suicidaires, les jeunes décrocheurs potentiels, etc.?

Mon collège valorisait un régime pédagogique aujourd'hui appelé *alternance études-travail*. Là, on me

1. Ma mère ayant eu deux enfants mort-nés utilisait toujours cette expression comme si ces deux-là étaient toujours ses enfants et ainsi nous rendait conscients de leur présence.
2. Évidemment, maintenant je sais que, à cet âge, j'étais à un stade *conformiste* d'où la cohérence de ce comportement grégaire!

confia l'encadrement d'un enfant handicapé. J'y découvris le potentiel et les limites de l'endoctrinement...

Une crise de valeurs m'amena à décrocher en troisième année de baccalauréat ès arts pour aboutir au «travail de rue», à m'occuper particulièrement des enjeux interethniques. La crise de valeurs est alors devenue plus aiguë, et j'ai appris que l'«épuisement professionnel» (maintenant appelé le syndrome de compassion) ne se réglait pas par la fuite. C'était en 1967...

Mes débuts dans l'enseignement m'amenèrent dans un quartier socio-économiquement faible de Montréal avec comme tâche: «*Avec vos deux collègues, occupez-vous des classes de 8e et 9e. Ce sont des classes de garçons si faibles sur le plan académique qu'on les maintient à l'école primaire. Occupez-les, et surtout voyez à ce qu'ils ne brutalisent pas — entendre ne violent pas — les plus jeunes!*» J'y ai appris à ne jamais me fier aux apparences et encore moins aux *qu'en-dira-t-on...*

À l'aube de ma carrière universitaire — plus disponible parce que non encore pris dans l'engrenage —, je reçus les confidences de jeunes adultes vivant des crises d'identité dans leur intimité. Sous le couvert d'une vie sociale trépidante, ils cachaient souvent une solitude et des doutes existentiels insupportables. C'était vers les années 72.

Candidat au doctorat, j'ai d'abord élaboré et expérimenté une structure d'entraide pour des jeunes défavorisés du secondaire. Ma vision idéale de l'entraide dut être réajustée lorsque je découvris qu'un de mes jeunes protégés utilisait cette structure pour alimenter un réseau homosexuel de prostitution.

Par la suite, après plusieurs mois de préparation à un examen synthèse sur les courants en éducation[3] avec l'accord et la complicité continue de mon superviseur, lors d'un premier dépôt, celui-ci fit volte-face, questionna la pertinence de ce travail pour la progéniture scientifique et me proposa nonchalamment, comme solution de rechange, de faire le tableau résumant la situation de la recherche sur l'entraide. Piqué au vif, écoutant plus mon orgueil que ma déception, et après un bel été sacrifié, le tableau fut rédigé et déposé en 77! Il devint l'ébauche de la première partie de *S'entraider,* version 1982.

Cette année-là, c'était aussi le retour à l'université pour enseigner *l'initiation à la relation d'aide*, élaborer ensuite le *Programme d'amélioration de la relation d'aide* et enfin publier *S'entraider.* Plus tard, comme responsable de programme, je découvrais des jeunes gens «clandestinement» — donc sans aucun soutien — en phase terminale. C'était le début de mon implication dans l'entraide anonyme.

En même temps, on m'invitait d'abord à collaborer à la conception des *Clefs d'entraide* avec et pour les étudiantes et étudiants de l'université, puis à instaurer la *Double clef d'emploi*[4], c'est-à-dire une structure d'entraide qui

3. Ce premier texte a été publié sous le titre «L'éducation d'aujourd'hui, comme la société, à un carrefour» dans *Orientation professionnelle,* 17 (2), 1981. Il fut par la suite, avec mon consentement, repris par Pol Dupont dans son chapitre synthèse de *Dynamique de la classe* publié chez PUF.

4. La *Double clef d'emploi* est assurée par les étudiants en orientation professionnelle et offre ses services à tous les étudiants de l'université. Un premier niveau de la clef répond à des besoins ponctuels, tel réviser un curriculum vitae (niveau assuré par les étudiants du premier cycle), alors qu'un second, assuré par les étudiants du deuxième cycle, va plus en profondeur.

fournirait soutien et instruments aux étudiants à la recherche d'emplois estivaux ou permanents. C'était aussi l'entraide appliquée aux problématiques de l'insertion socioprofessionnelle avec le *Groupe Éducation-chômage*, de la prévention du suicide chez les jeunes avec la *Fondation J.E.V.I.*, de même qu'un soutien aux parents d'adolescents à risque avec *Drogue dans les écoles* de Lausanne et ainsi de suite...[5]

Au moment même où je croyais avoir enfin complété ma contribution à l'entraide, on me demandait en 1987 — et subventionnait — pour en faire une application à l'orientation scolaire et professionnelle des jeunes. Les guides *Formation à l'entraide vocationnelle* et *L'Avenir entre nous* prirent forme. C'est alors qu'émergeait toute ma réflexion autour de *l'entraide qualifiée* (voir le chapitre I).

Aujourd'hui, alors que pointent à l'horizon les premières lueurs de 1992, *S'entraider* revient avec un nouveau contenu et en réponse à une demande de l'éditeur à l'effet que, cette fois-ci, je mette l'accent sur mes propres expériences, recherches et conceptions de l'entraide. Objectif ô combien stimulant et angoissant à la fois! Dans les pages qui suivent, surtout dans les quatre premiers chapitres, l'analyse se situera à un niveau plus épistémologique.

*

* *

---

5. Des noms sont chaleureusement accolés à ces diverses expériences; mentionnons entre autres Bovay, Cameron, Lemaire, Mercier, Olney, Roux, Roy, Savard, Saint-Jarre, Saint-Louis et Thibault.

Dans cette version refondue à 60 p. 100, le premier chapitre fait le point sur la dernière décennie en matière d'entraide. Le deuxième chapitre apporte une nouvelle définition, voire compréhension, de l'entraide et de l'entraidant. Quant au troisième, il porte sur le groupe d'entraide, comme autre maillon de l'entraide.

Le quatrième chapitre examine les dynamiques à l'intérieur du trio entraidant, groupe d'entraide et professionnel. C'est dans ce trio que prend racine l'entraide qualifiée, celle-là même qui a vu mes efforts conjugués depuis près de dix ans. Le cinquième chapitre reprend et remet à jour le *Programme d'amélioration de la relation d'aide*. Après une décade, ce programme demeure à tous points de vue excellent et bien adapté à la formation des entraidants quoique, maintes fois, il se soit révélé également adéquat pour initier de futurs professionnels du counseling à la relation d'aide et même pour permettre à des professionnels chevronnés de faire le point sur leur pratique en redécouvrant l'essentiel de la relation d'aide.

Par ailleurs, encore aujourd'hui, ce programme est largement utilisé dans des dizaines de collèges québécois pour la formation de professionnels non conseillers et dans des organismes d'entraide à la formation des entraidants.

Enfin, le dernier chapitre aborde la supervision en général, appliquée particulièrement aux entraidants. Le modèle proposé suit un paradigme cohérent à l'entraide.

PREMIÈRE PARTIE

Évolution et définition

CHAPITRE I

Une décennie d'entraide

Il y a dix ans

En 1982, lorsque j'ai publié *S'entraider*, c'était, de l'avis de tous, faire œuvre de pionnier dans la francophonie!

Une carence linguistique

À ce moment-là, la terminologie française propre à l'entraide psychologique[1] était totalement inexistante. Pour parler de ce type d'entraide et surtout des entraidants, il fallait emprunter des termes anglo-saxons, des anglicismes, des néologismes anglais ou se résigner à des traductions littérales du style *pair-conseiller*.

Il n'en fallait pas plus pour que dans l'opinion publique francophone, tant professionnelle que populaire, la

1. Le qualificatif *psychologique* est à propos puisqu'il y a diverses formes d'entraide. Au Québec, par exemple, on connaît très bien l'entraide *matérielle* telles les corvées de la Société Saint-Vincent-de-Paul ou l'entraide *économique* pratiquée par les Caisses populaires. Mais pour les raisons décrites plus haut l'entraide psychologique fut longtemps ignorée.

notion d'entraide psychologique soit associée aux anglophones, et plus particulièrement aux anglo-protestants, la rendant ainsi incompatible avec la culture et les valeurs françaises et, ultimement, avec la tradition catholique! Et si à l'occasion on démontrait une certaine ouverture à cette entraide, c'était pour la restreindre aux jeunes. En effet, la psychologie de l'adolescence avait tellement mis en évidence l'importance du groupe, du *gang*, bref des *pairs* à ce stade-là de la vie, qu'il devenait impossible de ne pas reconnaître l'existence — peut-être même l'importance — du «conseil par les pairs». Inconsciemment, cette référence restreinte à ce stade de développement, aussi surnommé celui de la «crise de l'identité», donnait à l'entraide un caractère à la fois passager, maladif et palliatif dans la ligne de la résignation: *«Il faut bien que jeunesse se passe»*!

En cela, la francophonie ne faisait que suivre l'anglophonie, avec une décade de retard, laquelle durant les années soixante-dix a été témoin d'une multitude d'expériences effectuées auprès des adolescents. En y regardant de plus près, ce furent justement ces expériences que j'ai analysées et utilisées en 1982 pour justifier et promouvoir l'entraide[2]. Aujourd'hui, alors que l'entraide est partout et pour tous, un tel exercice de justification s'avérerait superflu.

Toujours il y a dix ans, la seule intrusion de l'entraide dans le monde adulte qui avait reçu une approbation sociale massive était *les Alcooliques Anonymes ou A.A.* Mais l'alcoolique n'était-il pas perçu comme un être immature, incapable de se contrôler, donc une sorte d'adolescent retardé? Ce qui n'était pas dit, c'est que, depuis sa création,

2. Cette étude avait porté sur près de cent cinquante recherches.

l'association des A.A s'était avérée plus efficace que la religion ou la médecine pour «guérir» ces «abuseurs de l'alcool».

Par ailleurs, aussi longtemps que l'entraide est demeurée dans le giron des églises, protestantes comme catholiques, elle bénéficia, selon une expression consacrée et à propos, du «bon Dieu sans confession», c'est-à-dire qu'elle fut exemptée, voire protégée, de tout examen ou critique scientifiques. A-t-on, par exemple, déjà vu dans les journaux un rapport sur les conversions obtenues à la suite d'une tournée de témoins de Jéhova ou sur le nombre de guérisons faites par un christo-scientiste? Ce statut énigmatique de l'entraide a eu pour effet d'entretenir dans le public à la fois une ignorance et un septicisme face à l'efficacité et à la pertinence de l'entraide, en particulier de l'entraide psychologique.

Une confusion de rôles

Aujourd'hui, en relisant *S'entraider,* je constate que j'y entretenais une certaine ambiguïté entre l'entraide, les entraidants, les groupes d'entraide et les groupes d'entraidants. Qui aidait? Qui était aidé? La confusion était totale.

Maintenant, les choses m'apparaissent claires. Le pilier de l'entraide est **l'entraidant**, que celui-ci face à l'aidé agisse seul ou en groupe, ou encore dans le cadre d'un groupe d'appartenance. En effet, ce que les dix dernières années ont permis d'élucider, c'est le concept d'entraide lui-même. L'entraide est un mot dérivé du verbe pronominal s'entraider; lui-même étant la fusion des mots, *entre*, *aide* et *aider*. Par ailleurs, le pronom «soi» indique «faire à soi-même».

Bref, ce qui est propre à l'entraide, c'est l'implication personnelle dans une *réciprocité*. Et comme le démontre bien Bédard[3], cette exigence, loin d'être un obstacle, assure l'ultime de toute communication qui se veut idéale[4].

Dans les années quatre-vingt, il y avait un grand besoin de clarifier tout le langage relié au *counseling*[5] et aux **conseillers**. Cela a d'abord permis d'identifier quatre catégories de conseillers:

a) le *conseiller professionnel*, membre d'un ordre ou d'une corporation reliés au counseling et à titre réservé, telle la Corporation des conseillères et conseillers d'orientation du Québec;
b) les *professionnels non conseillers*, mais pouvant utiliser le counseling;

3. Bédard, J., *La relation d'entraide*, Montréal, Éditions de Mortagne, 1985.
4. À ce sujet, on pourra visionner avec profit le film *Les coulisses de l'entraide* (en 16mm) de l'ONF.
5. En Europe, on conserve et utilise le mot *conseil*. Quant au Québec, ce mot est malencontreusement associé à «donner des conseils», attitude paternaliste et incompatible avec la relation d'aide. C'est pourquoi le néologisme anglais *counseling* y est privilégié même si l'Association internationale d'orientation scolaire et professionnelle propose de l'écrire avec deux «l», soit *counselling* (glossaire de l'AIOSP, 1987). D'un autre côté, il est intéressant de constater que, dans la francophonie, le mot counseling réfère à une expertise, celle que Lhotellier décrit comme «tenir conseil», alors que, dans l'anglophonie, il est utilisé pour décrire toute action conduisant à donner un avis, un conseil, une directive. En d'autres termes, chez les francophones, seuls les «experts» peuvent faire du counseling alors que les anglophones considèrent toute personne qui entre en interaction avec une autre — si elle porte tant soit peu d'attention à l'autre — risque de faire du counseling.

c) les *non-professionnels conseillers* que l'on appelle de plus en plus — grâce à cette catégorisation de 1982 — les entraidants. Bien que ceux-ci ne soient pas des conseillers professionnels, ils ont généralement reçu une formation de base et œuvrent dans un minimum de structure;

d) enfin, il y a les *conseillers naturels* appelés aujourd'hui les *aidants naturels* puisqu'ils n'ont reçu aucune initiation formelle et ne sont membres d'aucune structure.

Ce qui ressort encore de ces quatre catégories, c'est le lien avec les professionnels du counseling, c'est-à-dire le statut de *paraprofessionnel* et plus spécifiquement de *paraconseiller.*

Un champ à définir

Il y a dix ans, je mettais la société en garde contre l'envahissement de toutes les sphères d'activités humaines par les professionnels, au moment même où l'expression *État-providence* se généralisait. Les premiers indices de cet envahissement étaient, selon moi, les lourdeurs administratives, la «matriculation» des personnes, les coûts à croissance exponentielle, etc. J'invitais alors les professionnels à ne pas succomber, plus ou moins lucidement, à la tentation de faire main basse sur toute l'aide psychologique. Du même souffle, je suppliais les entraidants de ne pas se retirer de cette aide, de continuer le combat. Ma position m'amenait à prévoir deux impasses, soit la mort de l'entraide ou le schisme entre l'aide et l'entraide, c'est-à-dire entre le professionnel et l'entraidant. Conséquemment, l'un des objectifs du livre

S'entraider[6] fut de défendre et de soutenir les entraidants et partant les groupes d'entraide. Pour ce faire, j'ai d'abord mis en évidence leur efficacité et comparé celle-ci à celle des professionnels. Ensuite, j'ai utilisé un argument toujours à la mode; si c'est bon pour les «États-Uniens», ce l'est également pour nous autres, Nord-Américains, car de toute façon ils ont dix ans d'avance sur nous! Enfin, dans ce livre, je proposais un programme articulé de formation pour entraidants afin de les aider à rester efficaces et sains.

Des entraidants humains

Sans doute assagi par mes expériences antérieures, dès 1982, je refusais d'idéaliser les entraidants et, en cela, j'allais à l'encontre d'une conception — encore en vigueur d'ailleurs — voulant que les entraidants puissent tout faire, et toujours bien le faire. Comme on le justifiera plus loin, cette conception était particulièrement vigoureuse dans les cercles d'inspiration anglo-protestante.

Une plus grande connaissance du développement humain me montre aujourd'hui combien j'avais raison de donner l'heure juste à ce moment-là! L'entraidant peut beaucoup, mais toujours et uniquement dans la mesure de

6. Fait intéressant à souligner, S'entraider a été publié, au Québec, au moment où l'Église catholique tentait de redéfinir le rôle des laïcs et des membres du clergé de même que les relations entre ces deux groupes. Par ailleurs, lorsque, dans les textes scientifiques, on compare les entraidants aux professionnels, les premiers sont à l'occasion décrits comme des profanes, mais le plus souvent comme des *laïcs* (terme retenu dans le présent ouvrage). Il est évident que cette clarification des rôles et des champs entre professionnels et entraidants allaient dans le courant des questionnements de l'époque.

son potentiel et partant de ses limites, lesquelles sont enchâssées dans un stade de développement. On ne peut vraiment comprendre son potentiel et ses limites sans, par exemple, référer à ses développements égologique, social et moral. Le tableau I résume les principaux aspects du développement d'une personne et, s'inspirant d'auteurs renommés, précise pour chacun les stades de développement. De plus, il indique l'interdépendance et la complémentarité entre ces aspects.

Dix ans plus tard

Aujourd'hui, je ne puis que constater la pertinence de ce livre sur l'entraide. Certaines des prévisions faites alors se sont avérées des plus justes. Prenons, par exemple, celle sur l'éclatement de l'État-providence ou celle sur la prolifération de l'entraide ou encore, dans une certaine mesure, celle sur le schisme entre professionnels et entraidants.

À propos de cette dernière, soyons plus précis. La rupture ne fut pas aussi grande et aussi généralisée que prévue. Mais il y a eu çà et là des soubresauts, par exemple, cette future entraidante expulsée d'un programme de formation parce qu'elle avait osé suggérer d'inviter un formateur professionnel ou encore la hantise légendaire — maintenant dans la plupart des cas, un fait du passé — de certains groupes d'entraide de tout ce qui porte le qualificatif de professionnel! Tout particulièrement ces derniers temps, je suis de plus en plus souvent témoin de collaborations originales, complémentaires et fructueuses entre professionnels et entraidants.

TABLEAU I
Le courant cognitif développemental et les différents aspects de la personne[7]

Cognitif (Piaget)	Moral (Kohlberg via Piaget)	Égologique (Loevinger via Kohlberg)	Affectif (Dupont via Piaget)	Social (Sullivan via Loevinger)	Vocationnel (Knefelkamp via Loevinger et Perry)
Sensorimoteur	prémoral	présocial symbiotique	égocentrique-impersonnel	inorganisé	
Préopératoire	punition/ récompense	impulsif	hétéronome	prise de perspective égo-centrique et indifférenciée	
Opérations concrètes	égocentrisme	autoprotecteur	interpersonnel	différencié et subjectif auto-réflexive/ deuxième personne et réciproque	dualité
Opérations formelles (niveau 1)	bonne concor-dance loi et ordre	conformiste consciencieux-conformiste	autonome	troisième personne et mutuel	multiplicité
Opérations formelles (niveau 2)	démocratique justice (intériorisée)	consciencieux individualiste		3 1/2	relativité
		autonome intégré		en profondeur - engagement et sociétal - symbolique	

7. Les lecteurs pourront se référer à l'ouvrage *Développement en tête et Formation à l'entraide vocationnelle* dans lequel je compare ma position face à l'entraide à celles de Carr et de Guay, tous deux optant pour une vision autre du potentiel-limite des entraidants. L'essentiel de cette comparaison est repris plus loin.

En cette fin de siècle, je crois que la réputation de l'entraide psychologique n'est plus à faire. Puisque je suis toujours actif dans le domaine, je puis affirmer que réviser encore la documentation sur l'entraide, effort comparable à celui déjà déployé dans *S'entraider,* ne ferait que préciser les grandes conclusions alors tirées. Il y a de l'entraide partout, faite par des gens de tous âges, de toutes formations, de toutes classes sociales et à propos d'une multitude de problèmes et de besoins humains. Cette entraide est plus ou moins structurée et est globalement pertinente, efficace et appréciée. Toute ville ou région la moindrement importante a des dizaines de groupes et de structures d'entraide, avec divers degrés d'anonymat (voir figure 1). Ainsi le groupe lui-même peut être anonyme (par exemple, un groupe anonyme de toxicomanes, c'est-à-dire sans adresse publiée). Ce peut être les membres du groupe qui souhaitent l'anonymat (ex.: Parents anonymes regroupe des parents violents). Enfin, l'anonymat peut être requis par les intervenants, comme c'est le cas dans la plupart des «tél-aides».

S.E.V.E.

S.E.V.E., savoir et entraide pour un vieillissement éclairé, vous offre sa première session au début d'avril. En effet, une série de dix rencontres de deux heures commence dès le 8 avril prochain à 13 h 30 et se poursuivra tous les lundis jusqu'au 10 juin.

Nous parlerons de bonnes attitudes à développer face au phénomène du vieillissement, nous nous sensibiliserons aux diverses situations susceptibles de nous arriver et nous développerons des habiletés pour y réagir adéquatement.

S.E.V.E. s'adresse aux femmes préoccupées par les changements physiques, affectifs, sociaux qu'entraînent, l'âge, la retraite, le ralentissement des activités.

Ça nous arrive à toutes de vieillir, jour après jour. Ça se prépare, Ça s'apprivoise!

Les thèmes tourneront autour de trois blocs: (1) ma santé, (2) mes rapports avec les autres, (3) ma croissance personnelle. Chaque rencontre permettra d'échanger, d'expérimenter d'une façon dynamique en mettant à contribution l'expérience de chacun et en respectant également les limites de chacune. C'est une invitation dès le 8 avril à 13 h 30, au 111, rue King Ouest, local 301.

Pour information et inscription, téléphonez à Elixi (562-5771)... et c'est gra tuit!

L'Escale

«Quand ça ne peut plus durer!

Centre d'accueil et d'hébergement pour femmes victimes de violence et leurs enfants.

(Ouvert 24 heures par jour), 7 jours par semaine

(819) 569-3611

12 etc.

Quand tu vis un moment difficile et que tu as besoin de parler. À Secours-Amitié il y a quelqu'un pour t'écouter.

UNE LUEUR D'ESPOIR...

SECOURS/ AMITIÉ

Poste d'écoute: 564-2323

Sans frais d'appel:

LAC-MEGANTIC
WEEDON
ASBESTOS
composez 0 et demandez Zenith 5-3060
À TOUTE HEURE DU JOUR ET DE LA NUIT

38269

• Le programme SEVE d'Elixir

Elixir, par son programme S.E.V.E. (savoir et entraide pour un vieillissement éclairé), offre une série de 10 rencontres de deux heures débutant le 8 avril, à 13 h 30, au 111, rue King ouest, local 301, à Sherbrooke. Pour information: 562-5771.

Figure 1. Voici quelques références à l'entraide psychologique parues dans les journaux locaux de Sherbrooke pendant une période de trois jours.

Ce qui a changé en dix ans

Premièrement, la langue française possède maintenant une terminologie propre et quelquefois originale. En voici quelques exemples: *aide par les pairs, aide naturelle, groupe d'entraide, tél-aide, entraide* et *entraidant.* Le terme *entraidant,* en particulier, fait l'envie des anglo-saxons encore embourbés dans des périphrases tel *mutual helper* ou *adult helping adult.* Deuxièmement, grâce à certains travaux dont ceux d'Alary[8], les champs de solidarité humaine — donc d'entraide — sont mieux définis. Ces champs sont le *social,* le *thérapeutique* et *l'organisationnel.* Le tableau II inspiré d'Alary (1988) indique les courants qui leur sont propres. Selon ces auteurs, l'entraide décrite ici se situerait surtout dans le champ thérapeutique *(pairage, groupe d'entraide).* Tout en étant globalement d'accord avec eux, j'ajouterai que cette entraide peut également infiltrer le champ social (via le *bénévolat* et le *volontariat*).

8. Alary, V. et al, *Solidarités,* Montréal, Boréal, 1988.

Tableau II
Champs de solidarité

Champ social	Le bénévolat L'écologisme La convivialité La philosophie existentielle Le communautarisme
Champ thérapeutique	Les réseaux sociaux Le pairage Les groupes d'entraide Les communautés thérapeutiques Le mouvement du potentiel humain La thérapie centrée sur la personne L'action éducative préventive
Champ organisationnel	Le développement des ressources par les institutions Le développement communautaire L'animation sociale et la participation L'autogestion et le mutualisme Les approches liées à l'organisation du travail L'analyse institutionnelle La conscientisation L'action des groupes militants L'approche structurelle radicale L'approche de désengagement de l'État Le discours autogestionnaire

Troisièmement, les francophones, en particulier ceux du Québec, ont retrouvé une tradition d'entraide. En effet, si l'entraide anglo-saxonne, du moins celle qui se pratique en Amérique du Nord, prend ses origines dans le protestantisme luthérien, l'entraide française plongerait ses racines, dans une large mesure, dans le catholicisme. Or, dans le cas de l'anglo-protestantisme, il s'agit, d'une part, d'une tradition égalitaire sans un clergé «ordonné» et, d'autre part, d'une entraide perçue comme une concrétisation de la descente des langues de feu lors de la Pentecôte, événement qui donne à tous les «bénis de l'Esprit» le pouvoir et la mission de prêcher, de baptiser, de guérir et de convertir les nations. Par contre, la tradition franco-catholique est hiérarchique avec des ordres initiatiques d'une part et, d'autre part, une entraide basée sur la parabole de l'Évangile invitant les croyants à faire fructifier leurs talents propres.

Majoritairement et traditionnellement francophones et catholiques, les Québécois ont adhéré collectivement à cet archétype d'entraide, et le plus bel exemple de cela est la *corvée.* Dès le début de la Nouvelle-France, la corvée consistait en une mobilisation *paroissiale* visant à aider un paroissien dans l'épreuve, par exemple, lors de l'incendie de sa grange. À la demande du curé (relation professionnel-entraidants) et au jour donné (structure), tous les habitants du village se rendaient chez le paroissien sinistré pour lui donner un coup de main, selon leurs talents. Ainsi, les personnes habiles en construction se mettaient au chantier, d'autres, plus cultivateurs que charpentiers, assuraient la sécurité du troupeau ou l'engrangement provisoire d'une récolte, d'autres encore, doués pour la cuisine, veillaient à préparer les victuailles pour refaire les forces des équipes. D'autres enfin, doués pour l'animation, prenaient en charge les jeunes enfants…

C'est sans doute à cause de cette tradition qui est la mienne que je cherche à développer ce que j'appelle l'*entraide qualifiée,* laquelle est essentiellement une entraide fondée sur les besoins et les talents des entraidants actuels ou futurs.

Par rapport à la France qui elle aussi fut largement marquée par le catholicisme[9], je ne puis encore identifier son modèle propre d'entraide — mon rôle n'est pas de le faire d'ailleurs! Mais depuis cinq ans, j'y ai vu un changement radical d'attitude face à l'entraide psychologique allant de la fermeture la plus complète à une ouverture sympathique, du refus prématuré à l'interpellation continue. Par ailleurs, des faits m'interrogent. D'après mon expérience, il y a chez bon nombre de Français une convivialité qui, d'une part, incarne bien les mots «égalité et fraternité» de leur devise et, d'autre part, surprend, émerveille et dans une certaine mesure gêne un Nord-Américain qui a le culte de l'individualisme pragmatique. Ainsi, en terre française, il semble tout à fait dans l'ordre de demander à un collègue de passer au jardin d'enfants prendre son enfant, de le ramener et de le garder quelques heures. Il arrive même que ce collègue s'offre pour le faire! Inéluctablement et à mon avis, c'est dans la riche tradition du compagnonnage que les Français trouveront le mode d'entraide qui leur est culturellement propre.

Quatrièmement, on comprendra alors que devant le succès, l'efficacité et l'ampleur de ce mouvement, certains professionnels d'aide se questionnent, voire se sentent menacés[10]. Si jadis je parlais de crise d'identité des entrai-

9. Le protestantisme français s'inspire largement de la tradition calviniste, et, dans celle-ci, m'a-t-on dit, l'entraide est aussi associée à la parabole des talents…

10. Lors des ateliers de formation que je donne chaque printemps depuis huit ans, j'entends souvent des témoignages de professionnels épuisés et en crise d'identité à la suite d'une implication avec des entraidants. L'équipe d'Alary, citée plus haut, fait aussi ce constat.

dants, aujourd'hui, ce sont les professionnels qui risquent de la vivre (si crise il y a). Cela explique que, dans le présent ouvrage, j'aie choisi de consacrer un chapitre complet à la relation *entraidant-professionnel.*

Cinquièmement, même après dix ans de fréquentes tentatives de récupération, l'entraide psychologique est dans son ensemble d'une vitalité sans précédent. Elle répond toujours et, ce, de plus en plus, aux besoins à la fois égocentrique et altruiste des gens. Plus loin, on écrira qu'il s'agit peut-être d'un signe des temps.

Bref, l'entraide a toujours été là, bien ancrée, quelles que soient les cultures et les traditions. Elle est là pour rester et, signe des temps — temps surnommé l'ère du Verseau —, elle prend de plus en plus d'expansion.

CHAPITRE II

L'entraidant

Définition revue et corrigée

On ne peut définir l'**entraidant** sans référer à des systèmes bipolaires où les pôles agissent souvent en tandem. Ces principaux tandems bipolaires sont:

a) entraidé - entraidant,
b) consommation - investissement,
c) égocentrisme - altruisme,
d) semblable - différent,
e) temps - espace,
f) entraidant - aidant.

Cette dernière décade a mis en évidence que le pilier de l'entraide, individuelle ou groupale, est **l'entraidant**. Cette affirmation peut sembler en contradiction avec celle faite en 1982 dans *S'entraider* où il me semblait que le groupe jouait le rôle de clef de voûte de l'entraide.

Aujourd'hui, ce qui m'apparaît moins clair — et je suis très à l'aise avec cette nouvelle situation —, c'est la distinction entre ce type d'aidant et son aidé, en d'autres termes entre l'entraidant et l'entraidé. Cette nouvelle confusion ne vient pas seulement de l'expression *s'entraider* qui, répétons-le, est fait du pronom *soi* (s'), du verbe transitif *aider* (le transitif ne signifie-t-il pas que l'action va vers l'autre?) et du préfixe *entre* qui relie l'un et l'autre. Elle vient bien plus du fait que l'on est face à un tandem, à une balançoire à bascule. Si ce volte-face demeure évident, il faut tout de suite ajouter que l'entraidant n'est jamais loin d'un groupe, que ce soit un groupe de formation ou d'appartenance, d'encadrement ou de ressourcement.

L'importance du groupe pour l'entraidant est telle que je lui ai consacré le prochain chapitre. Revenons à la balançoire à bascule. Pour s'y balancer, il faut être au moins deux. Lorsque l'un est en haut, l'autre est en bas, et vice versa. Supposons que la position *en haut* corresponde à celle de l'aidé à un moment donné. En un autre temps — avant ou après ce moment —, c'était ou ce sera l'autre qui était ou sera en haut, donc aidé. Il y a donc une circulation, plus encore, une *synergie* engendrée par cette alternance de positions, et elle constitue, selon Bédard, toute la particularité et la richesse de la relation d'entraide.

Égocentrisme - altruisme

La psychologisation, pour ne pas dire la laïcisation[1], de l'entraide a mis en évidence certains enjeux interpersonnels.

---

1. Sans doute à cause de ses origines, l'entraide ne peut être pleinement abordée sans un minimum de termes et de concepts «cléricaux».

Dans les années quatre-vingt, j'ai pris le risque de décrire les motivations des entraidants en termes de *consommation* (satisfaction immédiate) et d'*investissement* (satisfaction différée). Il n'y a aucun doute que *aider* et se *sentir utile* peuvent être des sources importantes de satisfaction personnelle au moment même où se fait cette action. Aider devient alors un bien de consommation.

En revanche, un bénévolat peut être une occasion rêvée pour prendre de l'expérience, se faire connaître ou s'infiltrer dans un milieu, bref autant d'atouts favorables à une insertion socioprofessionnelle réussie. Ce phénomène est décrit comme étant le *bénévolat d'investissement*[2].

J'aime bien la proposition de Saint-Arnaud[3] voulant que l'épanouissement humain soit un équilibre entre l'égocentrisme et l'altruisme. Appliquée à l'entraide, si dure soit-elle, cette proposition y donne toute sa plénitude quelle que soit l'époque. Car en y regardant de plus près, le saint qui se dévoue auprès des démunis (altruisme) a lui aussi un pôle égocentrique: plaire à Dieu, accomplir sa mission: *«Cherchez avant tout le royaume des cieux et sa justice!»*

Le tandem égocentrisme-altruisme est si vital pour l'entraide que je refuserais tout candidat à l'entraide qui prétendrait n'avoir qu'un pôle du tandem! Cela semble évident si les seules motivations de ce candidat étaient d'ordre égocentrique, puisque ce serait abuser de l'autre en l'utilisant pour satisfaire ses propres besoins. Or, l'argument de refus demeure aussi valable lorsque la polarisation va dans

---

2. Limoges, J., et al, *Trouver son travail,* Saint-Laurent, Fides, 1987. Voir également Brault, M.M., *Le travail bénévole à la retraite,* Québec, IQRC, 1990.
3. Saint-Arnaud, Y., *Les petits groupes,* Montréal, PUM/CIM, 1985.

l'autre sens, c'est-à-dire uniquement vers l'altruisme. La règle d'or ne dit-elle pas que *ce qui est mauvais pour soi l'est aussi pour l'autre*?

On a constaté maintes fois qu'un entraidant qui cesse de se questionner, d'évoluer, de prendre sa part de satisfaction, bref qui ignore le pôle consommation/égocentrisme, devient hautain et perd ultimement toute efficacité. Lorsqu'il arrive à ce stade, ses «protégés» le quittent. En paraphrasant le proverbe, je dirais que *«en voulant faire l'ange il a fait la bête»*[4] donc, il devient un aidant bête.

Bénévolat - travail

J'ai eu l'occasion[5] de mettre en évidence que le travail est sans aucun doute l'exercice humain qui assure simultanément et avec consistance sept *retombées*. Ce sont le revenu, le statut, les relations interpersonnelles, la gestion du temps et de l'espace, les réalisations, l'apprentissage du rôle clé et la quête d'un sens à la vie.

Lorsque j'accompagne des gens dans leur position face à l'entraide, je me réfère à ces retombées pour interpeller à la fois leur égocentrisme et leur altruisme... *Que retirent-ils de cette entraide en termes de statut, de réalisation, etc.? Quelles contributions espèrent-ils faire par cette entraide?*

Ce tandem, et plus précisément le pôle consommation/égocentrisme est aussi la meilleure garantie contre tout abus et contre toute récupération des entraidants. Quand il n'y a plus ce minimum de *pour soi,* l'entraidant cesse d'être actif. Du fait qu'elle rejoint à la fois les besoins de

---

4. Poulin, B. et Vigneault, M., *L'aide entre cégépiens,* Laval, Collège Montmorency, 1986.
5. Voir note 2 du chapitre.

survie (consommation/égocentrisme) et d'expansion (investissement/altruisme), l'entraide se situe au cœur des échanges interhumains et de la propension groupale des personnes[6].

Semblable - différent

Longtemps, les expressions *peer counseling* et *counseling par les pairs* nous ont mis sur de fausses pistes. Fausses parce qu'elles ne retenaient que le **contenant** de l'entraide. Cet état de fait s'explique d'une part parce que le contenant est plus visible, et donc plus facile à repérer que le contenu, et d'autre part, parce que les premiers auteurs modernes à écrire sur l'entraide psychologique furent surtout des anglophones, langue de contenant par excellence[7].

Il est juste qu'une première lecture de l'entraide tend à faire ressortir la similarité entre cet entraidant et son entraidé. Très souvent, l'un et l'autre ont le même âge, viennent du même milieu ou ont le même problème. Ils sont apparemment semblables.

Mais une seconde lecture fait ressortir une vérité de La Palice. S'ils étaient entièrement et uniquement semblables, comment pourraient-ils s'aider? Comment l'un pourrait-il à l'occasion être aidant pour l'autre et vice versa? Bref, comment pourraient-ils être *entre-aidants*? Un aveugle peut-il guider un aveugle et un noyé aller à la rescousse d'un autre noyé?

---

6. *Idem*
7. Cela vient du fait que cette langue n'a pas vraiment d'adjectifs. Pour qualifier ses substantifs, l'anglais utilise des *modifiers*, c'est-à-dire des mots *invariables* qu'elle accole «mécaniquement» au nom. À titre d'exemple, considérez les expressions suivantes: *school bus* pour autobus d'écoliers, *cold cuts* pour charcuterie, *tea pot* pour théière.

La deuxième lecture nous force à cibler la *différence*. Ainsi, l'alcoolique ou l'outremangeur qui, par son témoignage ou son parrainage, en aide un autre à «s'en sortir» est son «impair» et diffère de lui par le fait qu'il a amorcé la cure ou qu'il peut enregistrer quelques victoires sur l'alcool ou la nourriture. Cette deuxième lecture fait apparaître alors le **contenu** de l'entraide[8]. (Et nous verrons plus tard comment le tandem semblable-différent est repris par le groupe d'entraide...)

Pour comprendre l'*efficacité* de l'entraide, il faut faire cette distinction entre le contenant et le contenu. En revanche, pour comprendre la *popularité* de l'entraide, on ne peut nier que pour bien des gens, surtout pour *des aidants et des aidés de l'entraide,* cette distinction est ténue. L'entraidant apparaîtra alors à l'entraidé plus comme un semblable, parce qu'il a eu — ou a encore en partie — le même âge ou le même milieu ou le même problème que lui. Apparaissant comme semblable, il est donc plus facile, plus simple et moins humiliant de lui confier son problème.

Ces deux premières lectures demeurent sur un plan horizontal. À la verticale, une troisième lecture mettra en évidence la nécessité pour l'entraidant d'interagir avec l'entraidé, s'il souhaite *rester différent*! Toutes les structures d'entraide l'ont bien compris. Par exemple, témoigner pour un «nouveau» ou le parrainer sont les meilleurs moyens pour perpétuer une sobriété reconquise sur l'alcool ou l'alimentation!

Cette troisième lecture met en **interaction** le contenant et le contenu et explique tout l'enjeu de réciprocité qui est

8. Du fait que les Québécois doivent utiliser le français (langue de contenu) et l'anglais (langue de contenant), cela leur confère sans doute la tâche de mettre les contenus dans les contenants.

fondamental à l'entraide. Ainsi, chacun des membres impliqués dans l'entraide est *à la fois* aidant et aidé. En effet, si les deux premières lectures misaient sur un léger décalage dans le temps pour justifier et expliquer le tandem semblable-différent (c.-à-d. l'un étant plus avancé que l'autre), l'*interaction* entre le contenant (semblable) et le contenu (différent) ramène ce décalage à zéro. À tout moment, chacun est à la fois aidant et aidé. N'est-ce pas ce qu'ont toujours dit, grammaticalement, les mots *s'entraider* et *entraidant?*

Sans vouloir récupérer à tout prix, on pourrait alors constater que l'expression *pair-conseiller* capitalise sur la similitude alors que le mot composé *para-conseiller* met en relief la différence entre l'entraidant et l'entraidé.

Temps-espace

Ces trois lectures nous amènent de plain-pied dans ce que de plus en plus d'auteurs appellent la problématique psychologique de cette fin de siècle, à savoir la *temporalité*.

À l'origine guidé par l'alternance des jours et des nuits, puis par le martelage des heures sur l'enclume de l'horloge, l'être humain est maintenant de plus en plus bousculé dans ses références temporelles. La télécommunication et les déplacements rapides ne sont que deux exemples de facteurs qui viennent relativiser son temps. Ils éveillent chez l'humain une avidité pour celui-ci — l'être humain devient en quelque sorte «chronogre», voire «chronolâtre» —, mais du même coup il développe des «chronopatites»: insomnie, épuisement, activisme, etc.[9] Ainsi n'est-

9. Quelques auteurs ont abordé la question de temporalité: Beugnet-Lambert, A. et al, *Chronopsychologie*, Lille, PUL, 1988; Pineau, G., *Temps et contretemps*, Montréal, Saint-Martin, 1987; Sivadon P. et Fernandez-Zoila, *Temps de travail, temps de vie*, Bruxelles, Mardage, 1983.

il pas paradoxal de constater que tout en réduisant le temps qui sépare le statut d'aidant de celui d'aidé, l'entraide porte de plus en plus sur des besoins et problèmes de temporalité. Le temps est trop lent pour ce jeune désireux d'autonomie; il est trop présent pour cette femme en dépression; il est trop vite pour cet homme en phase terminale. On s'entraide parce que l'on est pair et semblable dans le *temps* mais impair et différent dans l'*espace*.

Et voilà la théorie de la relativité appliquée aux relations interpersonnelles! Temps et espace sont inversement proportionnels, dit cette théorie. Entraider quelqu'un, c'est l'aider à mettre plus de l'un — temps ou espace — dans l'autre parce que celui-ci est inconfortable et hors de contrôle. *«Je ne peux pas ajouter des jours à ta vie, mais je peux t'aider à donner plus de qualité aux jours qui te restent.»* On verra plus loin que si l'intervention professionnelle agit surtout sur la dimension **temps,** l'intervention d'entraide, quant à elle, exploite davantage la dimension **espace.**

Temps et espace se conjuguent pour former une *pyramide d'entraide*. Voici un exemple bien classique de «pyramidage». Au premier échelon, il y a ces épouses qui accompagnent leur conjoint en phase terminale. Elles le font peut-être par devoir, sans doute par amour, elles le font aussi pour être en harmonie avec leurs valeurs et leur conscience. Elles le font encore pour se sentir utiles, pour apprivoiser la mort, etc.

On voit très bien passer les tandems décrits précédemment. Poursuivons au deuxième échelon. L'agonie se prolonge, il leur faut donner plus de soins et plus de temps à un tel point que ces épouses montrent des signes d'épuisement et se trouvent dépassées par les événements. Il y a risque qu'elles abandonnent…

Pour les épauler, une infirmière communautaire leur propose de se regrouper une fois la semaine avec son assistance technique, afin de leur donner écoute, soutien et entraide. Alors naît pour ces épouses un groupe d'entraide. En cela, l'infirmière a compris leurs besoins. Mais ce faisant elle rejoint par ces épouses une clientèle désignée et, sans doute à la plus grande satisfaction de son service, elle prolonge les soins à domicile. Par ailleurs, elle s'évite personnellement d'avoir à visiter chacun de ces agonisants. Après quelques mois, grâce à la pratique et au soutien du groupe d'entraide, ces mêmes épouses deviennent maintenant expérimentées en soins palliatifs.

Mais voilà que la mort du conjoint vient bouleverser leur routine et leur statut d'épouse courageuse, aimante et expérimentée, leurs relations interpersonnelles (il n'y a plus les visites et contacts fréquents des parents, amis et professionnels; à la limite le groupe d'entraide n'a plus sa raison d'être) et ainsi de suite pour toutes les retombées du travail. C'est la déprime, les heures vides, longues et déroutantes du deuil...

Troisième échelon. La vie étant aussi la mort, d'autres épouses vivent une situation semblable à celle qu'elles ont vécue. Alors, pour donner un sens à leur vie, pour se redonner un statut, des relations interpersonnelles, une gestion du temps et de l'espace, etc., ces *maintenant veuves* décident d'offrir leur soutien à ces épouses éplorées grâce à un réseau de parrainage.

Le défi pour ces veuves est nouveau; la responsabilité est grande. Alors elles transforment leur groupe d'entraide en *groupe d'entraidantes*. C'est là, dans cet espace et lieu, qu'elles partageront leurs expériences de parrainage afin d'y recevoir écoute, soutien et entraide.

Par rapport au temps, toutes les personnes nommées dans cette pyramide ont des besoins, toutes aident et toutes en quelque sorte sont aidées. Par rapport à l'espace, ces besoins diffèrent grandement d'un échelon à l'autre, ce qui fait qu'une personne d'un échelon donné, même en position de demande d'aide, peut très bien aider, voire s'aider en aidant.

La définition de l'entraidant ne saurait être complète sans l'ajout de deux autres tandems, ceux de fort-fragile et de naturel-formé. Mais j'y reviendrai plus loin lorsque la formation des entraidants sera abordée.

Des interventions auprès des clientèles

Dès le début des années quatre-vingt, j'ai démontré que les clientèles desservies par les entraidants et les groupes d'entraide étaient des plus variées. Elle se retrouvaient dans tous les milieux socio-économiques, dans toutes les catégories d'âges; l'entraide faisait abstraction des formations et des métiers, elle était omniprésente. Tout problème humain était susceptible de trouver écho chez des entraidants ou groupes d'entraide, soit officiellement, soit dans l'anonymat le plus complet, grâce à une intervention structurée ou dans une spontanéité des plus naturelles. À l'origine de ces actions, de ces groupes et de ces interventions se trouvent souvent les bénéficiaires eux-mêmes...

En dix ans, tout cela s'est dédoublé de façon expérientielle et dans toutes les directions.

La question n'est plus de savoir qui est rejoint, qui entraide, quelle est son efficacité, ses façons de faire? La question de l'heure est: *les clientèles à risques sont-elles rejointes?*

Il est vrai qu'une personne qui appelle un *tél-aide* n'est pas si démunie puisqu'elle a encore la force de réagir. Il est juste d'observer, par exemple, que les groupes de parents d'adolescents ne sont pas habituellement et majoritairement composés de parents violents, abuseurs, irresponsables ou en charge d'adolescents à risques. Ce sont de *bons* parents ou, plutôt, ce sont des parents de *bonne volonté*[10].

L'heure juste est dans la prévention[11].

Entraide et prévention

Caplan[12] s'est aussi référé au temps pour mieux cerner la *prévention.* Il l'a décrite comme *primaire* lorsqu'elle se situe *avant* la crise. En revanche, lorsqu'elle sert à éviter qu'une crise s'aggrave, il la nommera prévention *secondaire.* Enfin, selon lui, la prévention *tertiaire* succède à la crise et fait en sorte qu'elle ne se reproduise plus. Or, prévention et entraide font depuis fort longtemps bon ménage. Et depuis dix ans, l'entraide a atteint les trois temps de la prévention tels que décrits par Caplan, mais selon des stratégies différentes, voire opposées.

Ainsi, l'entraide de prévention primaire, ou tout simplement l'*entraide primaire,* est encore largement assumée par des *aidants naturels* et sur une base *individuelle* et

---

10. *Réalité d'être parents d'adolescents* est un programme de soutien aux parents, mis au point par Martine Bovay de Lausanne, et auquel j'ai eu le plaisir de participer. Actuellement, je suis à l'expérimenter en sol québécois pour le DSC du centre hospitalier de Sherbrooke.

11. Prévention est pris ici dans son sens large et primaire, celui de prévenir.

12. Caplan, G., *Principles of Preventive Psychiatry,* New York, Basic Books, 1964. Il fut le premier à proposer la prévention de la toxicomanie à laquelle je fais ici mention.

spontanée alors que l'entraide tertiaire exploite de plus en plus les *groupes d'entraide*. Lorsque l'entraide primaire se fait en groupe, par exemple, dans les champs médical et social, le groupe prend souvent la forme de séances d'information, de discussions ponctuelles, bref elle se situe dans une optique éducative. À titre d'exemple, le groupe de parents d'adolescents décrit plus haut.

Tél-aide et *parents d'adolescents* assurent évidemment une prévention primaire. À cause de ce coup de téléphone ou de cette séance de groupe — les témoignages le confirment —, bien des gens évitent le pire. Par ces mêmes moyens, un certain nombre de personnes évitent qu'une crise naissante ne s'amplifie; ils constituent donc une entraide de prévention secondaire.

Par ailleurs, de plus en plus de professionnels suggèrent à leurs clients, une fois la crise résorbée, de nouer et de maintenir des contacts avec des structures d'entraide dans un but de prévention tertiaire. En soi, cela est suffisant pour justifier respect et appuis à toutes formes d'entraide.

Mais les années à venir nous réservent encore plus. Des chercheurs-intervenants comme Bovay[13] sont à démontrer, par exemple, que ces «bons parents» que l'on a daigné encadrer même s'ils n'étaient pas des parents d'adolescents à risques retournent dans leur milieu, enrichis et sensibilisés. Inévitablement, ils côtoient des «parents à risques», et alors l'entraide et la prévention atteignent pleinement leurs fins. Cela est tellement vrai que dans l'expérience de ces «bons parents» qui avaient consommé — selon certains, injustement — un groupe d'entraide initiale-

---

13. Quant au programme de soutien aux parents en entraide de première ligne, Bovay l'a surnommé *Parent'aide* (voir aussi note 1 du présent chapitre).

ment conçu pour les parents à risques, ces mêmes bons parents ont demandé par la suite à leurs animatrices une instrumentation de base afin de mieux intervenir auprès de leurs voisins en difficulté. Et voilà une autre pyramide d'entraide qui se construit, chacun de ses membres étant à la fois aidant et aidé! Poursuivre cette réflexion m'amènerait à parler du trio entraidant, groupe d'entraide et professionnel et, du même coup, de la question de la formation des entraidants. Or, ce trio et cette question sont sur la sellette dans les chapitres qui suivent.

CHAPITRE III

Le groupe d'entraide

Sa raison d'être

Impossible de parler de l'entraidant sans parler du groupe. Cela vient sans doute du fait que l'être humain est foncièrement social, grégaire même, surtout quand il est en crise ou en danger[1]. L'expression *«deux têtes valent mieux qu'une»* le véhicule bien. On n'a pas besoin de deux têtes pour dormir, mais ça peut être utile pour résoudre un problème. Et nous revoilà avec le tandem égocentrisme-altruisme!

Si ce tandem explique l'entraide, du même coup il en justifie son interruption. *«Je cesse de t'aider parce que tu ne m'aides plus!»* La partie qui a encore besoin d'aide doit alors la chercher ailleurs. C'est essentiellement pour assurer cette continuité de l'aide que le **groupe d'entraide** naît. Ce groupe est d'abord au service de ses membres. Sa raison d'être est intragroupale.

---

1. Languirand, J., «La voie c'est... les autres» dans *Par quatre chemins*, n° 2, Montréal, Éd. de Mortagne, 1991.

Intragroupe-extragroupe

Si par ailleurs ou par la suite ce même groupe développe des préoccupations extragroupales, comme celles de défendre les droits de ses membres ou encore de revendiquer en leur nom des privilèges, il vivra tôt ou tard un conflit d'objectifs. L'équipe d'Alary[2] l'a fort bien saisi; ce qui l'a amené à distinguer, en «solidarité humaine», le *champ thérapeutique* (intergroupal) du *champ organisationnel* (extragroupal). Non pas que ces deux champs ne soient ni importants ni conciliables. C'est plutôt que les enjeux qu'ils supposent sont diamétralement opposés.

Les enjeux intragroupaux visent l'intégrité de chacun des membres, leur respect, leur soutien dans leur vulnérabilité. En d'autres mots, ils exploitent le pôle *différent,* alors que les enjeux extragroupaux recherchent la cohérence du groupe, exigent des compromis si nobles soient-ils, la solidarité, donc sont tous investis dans le pôle *semblable.*

Par conséquent, si ce groupe cherche à maintenir les deux catégories d'objectifs, il devra délimiter et respecter les deux champs en question sur tous les plans: idéologique, organisationnel, budgétaire, publicitaire, etc.

Et puisque c'est l'entraide psychologique qui retient ici l'attention, à titre d'exemple, j'expliciterai successivement les enjeux reliés aux objectifs intragroupaux. Ces objectifs sont:

a) assurer la présence des tandems et leur bipolarité. Cela signifie interpeller dès le début et régulièrement les membres en termes de consommation-investissement, égocentrisme-altruisme, etc.;

2. Alary, J. et al, *Solidarités,* Montréal, Boréal, 1988.

b) optimaliser le potentiel humain de chaque membre par et pour le groupe. Cela signifie savoir distinguer quand il est à propos d'être *différent* de quand il est opportun d'être *semblable*. Une formation de départ, des relais de perfectionnement, des mises à jour annuelles, un leadership situationnel ou sectionnel, des règles de fonctionnement claires mais souples sont quelques-uns des moyens permettant de l'atteindre.

En somme le tandem *semblable-différent* est maintenant repris au niveau groupal. Utilisant les expressions *homogène* et *hétérogène,* Clouzot[3] a d'ailleurs bien démontré comment ces deux dynamiques alternent et se succèdent pour optimaliser le même groupe.

Vers une quatrième génération de groupe

Si l'entraidant a tôt ou tard à se positionner par rapport au professionnel, il en est de même pour le groupe d'entraide. Habituellement, il est de notoriété publique de dire et d'écrire que les groupes d'entraide et les professionnels ne font pas bon ménage. On dit que les groupes reprochent aux professionnels d'être trop compliqués, trop paternalistes, de tout dramatiser, voire de tout psychapathologiser, de créer la dépendance, d'être distants et non impliqués, de s'approprier les réussites et ainsi de suite. On se souvient de cette candidate évincée d'une session de formation à l'entraide parce qu'elle avait proposé de se référer à un expert!

---

3. Clouzot, O. et Block, A., *Apprendre autrement,* Paris, Les éditions de l'organisation, 1981.

Cette perception est largement folklorique, surtout depuis quelques années. Il y a quelques temps, une instance importante des A.A. proposait des échanges formels et continus avec les professionnels.

Dans un ouvrage intitulé *L'orientation et les groupes*[4], j'ai tenté de faire l'historique des petits groupes. Le tableau I résume cet exercice. J'y présente le *groupe d'entraide* comme étant de la troisième génération, celle qui est présentement en pleine expansion. Cet exercice se termine par la prospective d'une quatrième génération de groupes, celle où co-interviendraient entraidants et professionnels. La participation des professionnels pourrait prendre plusieurs formes, par exemple, celle de donner une formation de base ou de servir de miroir au groupe ou encore d'assurer la prévention secondaire, et ainsi de suite.

TABLEAU I
Évolution historique des groupes

Générations	Période	Prototype	Finalités	Lacunes
1re	sommet: fin des années 60	dynamiques de groupe	extra-personnelles	intra-personnelles
2e	sommet: fin des années 70	groupes de croissance	intra-personnelles	inter-personnelles
3e	début avec les années 80	groupes d'entraide sans professionnel	inter-personnelles	extra-personnelles
4e	à venir avec les années 90	entraidant + professionnel	extra, inter + intra-personnelles	?

4. Limoges, J., *L'orientation et les groupes*, Saint-Laurent, Fides, 1989.

Quelles soient extra, inter ou intrapersonnelles, l'ensemble des finalités d'apprentissage sera enfin assuré par ces groupes de quatrième génération.

La prise en charge personnelle et collective

Je me suis longuement questionné sur la localisation de cette section dans le présent ouvrage. Elle aurait été très à propos à la fin du chapitre sur l'entraidant. En retour, elle interpelle la relation entraidant-professionnel.

Après mûres réflexions, je la place finalement ici, juste après les définitions de l'entraidant et du groupe d'entraide, mais avant le chapitre sur le trio *entraidant, groupe d'entraide* et *professionnel.*

Je la place ici pour bien marquer le rôle joué par l'entraidant et les groupes d'entraide dans les tentatives et les efforts de déprofessionnalisation et de désinstitutionnalisation, de recherches d'autonomie et de prises en charge personnelles et collectives; de même pour respecter l'histoire et prendre note que certains entraidants sont à la recherche de champs d'intervention propres, en quelque sorte parallèles à ceux des professionnels.

Néanmoins, plus que jamais les entraidants et les groupes d'entraide rendent caduc un concept «chouchou», pour ne pas dire «pop», des sociétés modernes, celui d'**autonomie.** Et en écrivant ces lignes, je suis très conscient que je touche un mot vénéré et adulé, parfois même tabou.

Depuis un bon moment déjà, je m'attarde à regarder ce qu'il signifie vraiment, et plus souvent que je ne le souhaite, il cache l'obsolescence personnelle et institutionnelle, la résignation face à une conjoncture défavorable ou encore un pragmatisme calculateur. Ici, il sert de paravent à cet enseignant désabusé qui ne veut plus rien savoir de ses élèves; alors il dit favoriser l'autonomie pour couvrir sa démission, son laisser-aller, son indifférence. Là, c'est un organisme communautaire maintes fois ébranlé par des coupures de postes et de budget qui prononce ce mot magique en espérant que les gens comprennent quelque chose comme: *«débrouillez-vous tout seuls, nous on est débordés.»* À côté, ce sont des résidences pour personnes âgées à la recherche de *bénéficiaires autonomes,* c'est-à-dire capables de se déplacer seuls. Et ailleurs, ce sont des adultes qui, refusant de voir les enfants différents d'eux-mêmes ou se projetant sur eux, se sécurisent en récitant le mot béni pendant que leur progéniture développe un individualisme infantile et mesquin[5].

L'autonomie est la panacée des temps modernes. Jeunes et vieux, personnes en santé et malades, savants et analphabètes peuvent la consommer sans crainte et en doses illimitées.

Paradoxalement, en la prescrivant on la détruit. L'école de Palo Ato[6] aurait du plaisir à dévoiler les *«double bounds»* d'une expression comme *«Je tiens à ce que vous soyez autonomes»*! Elle y pointerait, en autres choses, l'impasse du *pareil au même* (more of the same).

---

5. C'est du moins l'évaluation que faisait le directeur du Collège Ahuntsic de Montréal, à l'occasion du vingt-cinquième anniversaire de fondation des cégeps. (Entrevue radiophonique à Radio-Canada, dimanche le 7 avril 1991, dans le cadre de l'émission *Signe des temps.*)
6. Les principaux porte-parole de l'école de Palo Ato sont Watzlawick, Weakland et Fisch.

Car dans tout ce qui vient d'être dit, l'autonomie est perçue comme un bien qui s'ajoute et qui s'accumule, bref, c'est le triomphe d'une conception quantitative sans contrepoids obligatoire. Ainsi, les jeunes le comprennent bien; ils en demandent plus, mais laisseraient volontiers aux adultes qui en ont la charge les avatars de *l'hétéronomie*.

Sans prétendre résoudre ce problème, ni vouloir tout réfuter, au nom de l'entraide, je voudrais introduire dans le débat deux considérations.

La première porte sur le fait que les théories structuro-développementales rigoureuses[7] comme celles de Loevinger (voir tableau 1, chapitre I) prennent en compte l'autonomie, la placent même au stade ultime, mais précisent par ailleurs que la seule façon d'y accéder, c'est en complétant les stades précédents, qualitativement différents les uns des autres. Ainsi, certains portent sur la *conformité* et la *solidarité*, ce qui fait que le stade autonome risque de n'être l'apanage que des gens pétris par les interactions de la vie et du temps[8].

Ma seconde considération s'appuie sur Coan[9]. Dans un livre au titre accrocheur que je traduis par *Héros, artiste, sage ou saint?*, Coan fait état d'une étude sur les concepts de *santé mentale, de normalité, de maturité, d'actualisation*

---

7. Limoges, J. et Hébert, R., *Développement en tête*, Sherbrooke, Les éditions du CRP, Université de Sherbrooke, faculté d'éducation, 1988.
8. Un jour, je fus approché par une école primaire alternative qui souhaitait construire son curriculum autour de l'autonomie. On m'a vite laissé de côté lorsque j'ai dit que, considérant les stades de développement de ses élèves, l'école devrait favoriser les travaux en équipe, les projets collectifs, les consensus, etc.
9. Coan, R., *Hero, Artist, Sage or Saint?* New York, Columbia University Press, 1977.

et *d'épanouissement humain*. Ces concepts furent d'abord retracés dans les différentes périodes (la Renaissance, le Siècle des lumières, etc.) des civilisations occidentales (grecques, chrétiennes, etc.). Il les a aussi retracées dans les traditions orientales (hindouisme et bouddhisme). En troisième lieu, il a exploré les écrits des maîtres de la psychologie moderne: Freud, Adler, Fromm, Erickson, Assagioli, Berne, Skinner, Allport, Rogers, Maslow et Perls. Enfin, il les a répertoriés chez les grands philosophes: Kierkegaard, Nietzsche, Heidegger, Jasper, Marcel et Sartre.

Ce long périple lui a permis de cerner le noyau dur de la *personne optimalisée,* quel que soit l'âge, le temps, le modèle ou la région. Or, ce noyau dur se compose de cinq qualités:

- efficacité,
- créativité,
- harmonie interne,
- «relationalité» (relatedness),
- transcendance.

On notera que l'autonomie n'en fait pas partie. Au contraire, c'est la «relationalité» qui ressort de la sagesse des temps et des espaces. On comprendra pourquoi de plus en plus de chercheurs avertis lui préfèrent maintenant l'expression *prise en charge personnelle*[10].

---

10. Voilà une des conclusions qui s'est dégagée d'une table ronde, organisée par Yves Saint-Arnaud, qui regroupait une douzaine d'auteurs *d'instruments auto-applicables* de croissance (voir *Revue québécoise de psychologie,* 5 (3), 1984). Cette prise de position est reprise globalement par l'équipe d'Alary, précédemment citée, et par Lhotellier dans son livre *Tenir conseil.*

Si je me suis permis ce long écart sur la *prise en charge,* c'est pour mieux saisir l'entraide.

Prenons un cas type. Un alcoolique était aux prises avec l'alcool depuis des années. Il lui sacrifiait famille, fortune et santé. Les *autonomistes* diraient de lui qu'il n'était que dépendance!

Un jour, cet alcoolique assiste à une séance des A.A. Désireux de s'en sortir, il accepte ensuite l'aide d'un parrain, un ex-alcoolique, et va maintenant régulièrement aux séances des A.A. Depuis, il maintient sa sobriété. Les «autonomistes» seront forcés d'admettre que selon leur critère cette personne a échangé une dépendance pour une autre, et que c'est du pareil au même!

Mais, en se référant aux cinq qualités de la personne optimalisée, l'analyse et le jugement sont fort différents.

Devenir membre des A.A. est une solution *plus optimalisante* parce que, entre autres choses:

— elle assure plus d'*efficacité.* Avant, à cause de l'alcool, sa pensée et sa locomotion étaient affectées. Maintenant, il les possède pleinement;
— avant, chaque cuite lui valait une nuit de remords. Maintenant, sa séance des A.A. est comparable à la partie de tennis de son voisin, et après il ressent un peu plus son *harmonisation interne*;
— avant, ses attitudes grognonnes, ses comportements bizarres et son apparence malpropre faisaient fuir les gens. Maintenant, il a un réseau de *relations* maintenu par les «AA»! De plus, sa «cure» le rend plus agréable. Il est même admiré dans sa réhabilitation, ce qui lui attire de bonnes relations;

— enfin, particulièrement en ce qui a trait aux A.A., il accepte la *transcendance* d'un Être supérieur qu'il avait vainement recherché dans les vapeurs d'alcool.

À mon avis, seule une grille multidimentionnelle comme celle dégagée par Coan peut permettre d'*évaluer* une prise en charge. Cette grille permet de savoir, lorsqu'une personne se rattache à un groupe d'entraide, si cette action suit la ligne optimalisante de son être. Elle permet de constater qu'établir des réseaux de soutien et d'entraide est le propre de tout être vivant, car **on se sauve en groupe.** C'est pourquoi cette section devrait clôturer le chapitre sur le groupe d'entraide!

Qu'on se le dise, il n'y a pas vraiment de prise en charge, de maintien à domicile ou d'intériorisation des règlements si ces démarches ne sont pas assurées dans l'interpersonnalité!

Très près du concept d'autonomie sont ceux d'«individualisation», de «personnalisation» et de «particularisation». À force d'individualiser et de personnaliser, on m'a enfin fait comprendre pourquoi le mot *personne* peut signifier aussi bien *quelqu'un* que *aucun*. Oui, à force de personnaliser et d'individualiser, on divise et isole les gens, on les laisse à eux-mêmes; ils ne deviennent *personne!* C'est sans doute pourquoi la tendance actuelle de *particulariser* — comme dans l'expression *cheminement particulier* — conduit souvent à réduire en particules d'abord la démarche puis peut-être l'individu qui y chemine!

CHAPITRE IV

L'entraidant, le groupe d'entraide et le professionnel

Une question de statuts

Pair et para

Au premier chapitre, je me suis attardé à l'expression *pair-conseiller* surtout pour y dégager toute la complexité du préfixe *pair*.

Par contre, la documentation scientifique présente souvent l'entraidant comme un paraprofessionnel, et surtout comme un *para-conseiller,* lui plaçant ainsi un pied — sinon le plain-pied — dans le monde professionnel.

Bien que le préfixe *para* tente de mettre une limite à cette inclusion, de situer en quelque sorte l'entraidant en périphérie, voire en position subalterne, il reste que ce *para-conseiller* est quand même appelé conseiller. En d'autres mots, il est perçu comme faisant partie de cette caste d'initiés.

Que ces connotations soient plus ou moins fondées, il s'ensuit que ce vocable et ce préfixe sont irritants pour plusieurs entraidants, surtout pour ceux qui sont conscients de leur travail, de leur rôle et de leur efficacité. Pour eux en particulier, et encore une fois, *para* signifie être à côté, ne pas être dans le coup, être moindre, être juste un peu, être dominé, être réduit à un état de valet ou de second, et ainsi de suite.

Néanmoins, en y regardant de plus près, on découvre en premier lieu que, compte tenu des champs professionnels complémentaires et interdépendants, tout intervenant est le *para-professionnel* d'un autre. Ainsi, le travailleur social est le paraprofessionnel du conseiller d'orientation, lui-même à son tour l'est pour l'enseignant, et ainsi de suite. Le monde des professions est ainsi fait! Il forme un tout cohérent. Il se compose des paramédicaux, des paralégaux, des parascolaires; il a son secteur parapublic, etc. Poursuivre cette argumentation, si juste soit-elle, mènerait à noyer le poisson et, à conclure que tous les travailleurs ne sont que des paraprofessionnels.

Comme solution, Lhotellier[1] nous proposerait d'habiter ce préfixe. En effet, être *para,* c'est faire partie et être des *para,* c'est être

— parallèle (la ligne en parallèle doit nécessairement longer l'autre sans s'y fusionner),
— paramètre (c'est-à-dire être référentiel),
— paratonnerre (c'est-à-dire de première ligne),
— parachute (pour amortir les coups),
— parabolique (pour amplifier la réception ou l'écoute),
— parabole (pour donner un autre sens).

1. Dans un style qui lui est propre, Alexandre Lhotellier exploite admirablement ces volte-face successives: pour-contre, avec-sans, etc.

En poursuivant ces associations, on rejoint une définition de *para* fort dense et fort enviable! Car si c'est lourd et exigeant pour un *para* de vivre avec un *professionnel,* l'inverse est tout aussi vrai. Et l'histoire nous enseigne que cette relation, que ce trait d'union qui relie l'entraidant et le professionnel ne pourra jamais être effacé. Ces deux entités sont unies pour la vie. Ils forment un couple!

Et contrairement à ce que l'on pourrait croire, les problématiques de l'heure, à savoir la désinstitutionnalisation et la déprofessionnalisation ne font que les unir davantage.

Désinstitutionnalisation et déprofessionnalisation[2]

La double fonction de l'entraide, à savoir celle d'aider et celle de s'aider, correspond exactement aux problématiques de désinstitutionnalisation et de déprofessionnalisation, lesquelles d'ailleurs sont inconcevables sans les entraidants et leurs groupes.

Le trio de l'aide et de l'entraide à la figure 1 schématise le présent argument. La désinstitutionnalisation implique que le traitement ait lieu ailleurs qu'en institution. Et puisque «ailleurs» il risque de ne pas y avoir de professionnels, ou d'y en avoir moins, ce seront les entraidants, seuls ou en groupes, qui assureront une bonne partie de l'aide. Ce faisant, dans le mot entraidant, l'accent est mis sur le suffixe -

2. Au-delà des divers champs d'intervention social, médical, éducatif, etc., ces deux expressions sont prises ici au sens large. Le préfixe *dé* indique l'absence ou le retrait de l'élément qui le suit. Désinstitutionnaliser signifie littéralement enlever/éviter l'institution. Ainsi comprise, contrairement au sens précis qu'on lui donne dans certains champs à savoir que la désinstitutionnalisation est essentiellement une action tertiaire, en entraide, la *désinstitutionnalisation* est pensable à toutes les phases de la prévention.

aidant. Ce qui fait que les entraidants engagés dans la voie de la désinstitutionnalisation, par expérience ou par formation, auront tendance à acquérir un minimum d'expertise, les rapprochant du même coup de l'intervention professionnelle pour devenir ce que j'appelle des *entraidants qualifiés*[3].

Forts de cette «qualification», ils seront, premièrement, de plus en plus reconnus par la société et les professionnels eux-mêmes pour assurer individuellement et partiellement la prévention primaire. Deuxièmement, en *regroupant* leurs expériences et «qualifications», ils pourront jouer un rôle significatif en prévention tertiaire. Je tiens pour preuve la crédibilité que s'est acquise les organismes de prévention du suicide ces dernières années. Les *entraidants qualifiés* qui y œuvrent sont même sollicités par les professionnels pour des mises à jour! Logiquement et par souci de maintenir leur propre *qualification*, ces entraidants qualifiés en arriveront sans doute à former des *groupes d'entraidants*.

En se référant toujours à la figure 1, si par contre la voie de la déprofessionnalisation est privilégiée, c'est le préfixe *entre-* qui est accentué. Et puisque, d'une part, cette voie mène à privilégier les interventions par des *non-professionnels*, et, d'autre part, l'entraidant — comme aidé et comme aidant — peut avoir un besoin qui dure plus longtemps que celui de l'aidant ou de l'aidé pour assurer cohérence et surtout continuité; l'un avec l'autre auront recours au *groupe d'entraide*, retardant pour autant la référence au professionnel.

3. Le qualificatif «qualifié» est finalement retenu, car apposer «professionnelle» à entraide aurait été un non sens.

Je dois admettre qu'en 1982 je n'avais guère pressenti ce rôle que joueraient de plus les groupes d'entraide, plaçant ceux-ci, du même coup, au cœur de la prévention tertiaire.

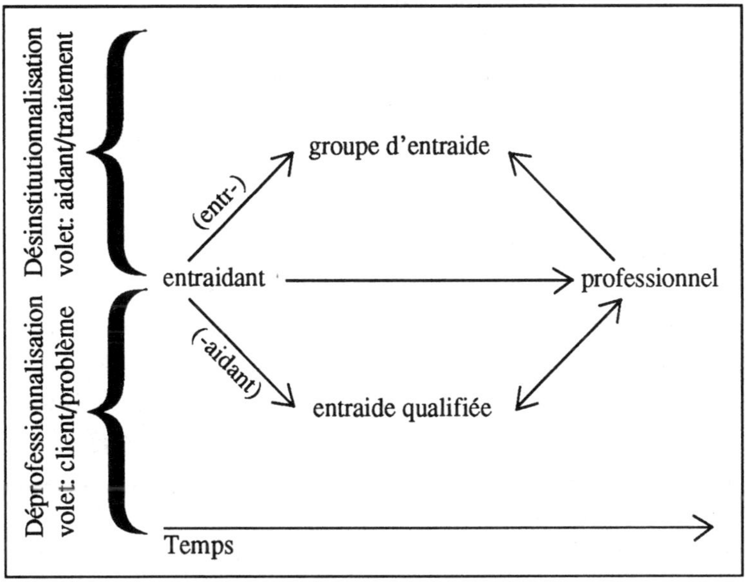

Figure 1. Le trio de l'aide et de l'entraide.

Il faut cependant préciser que jusqu'ici l'entraide qualifiée s'est toujours faite au détriment de l'entraide générale, phénomène explicable par:

— une préférence motivationnelle (c.-à-d. égocentrisme);
— une priorisation due au manque de temps;
— un effet inhérent à la réputation acquise, etc.

Par ailleurs, cette «qualification» de l'entraide amène à l'occasion une rémunération, mais celle-ci s'adresse généralement à la structure ou au service d'entraide plutôt qu'à l'acte ou à «l'acteur», comme c'est le cas chez les professionnels.

Il est intéressant de noter que l'on est encore une fois face à une particularité qui reprend celle concernant l'anonymat et la compétence. Dans tous les cas où il s'agit d'entraide, les enjeux sont abordés associativement.

Le counseling d'entraide

Son type propre

Afin de cerner le type de counseling qui serait propre aux paraconseillers, j'ai d'abord considéré un schéma élaboré par Zarka[4] et repris dans la figure 2. Dans ce schéma, sur un registre allant du *faire* au *être,* l'auteur distingue quatre types de counseling: informateur, éclectique, thérapeutique et psychothérapeutique; chaque type étant approprié à une catégorie particulière de problèmes. L'auteur reconnaît aussi des zones mitoyennes. Même si la réflexion de l'auteure ne porte que sur la relation *counseling-psychothérapie,* bien des indices portent à croire qu'elle placerait l'entraide du côté du *faire.*

Or, la documentation portant sur les applications de l'entraide ne valide pas cette hypothèse. Par exemple, j'ai démontré[5] que les entraidants rencontrent vite une difficulté à transmettre de l'information technique et spécialisée à moins qu'ils acceptent de le faire de façon globale, superficielle ou empreinte de subjectivité et de préférences personnelles.

4. Zarka, J., «Conseil psychologique et psychologie du conseil, quelques positions» dans *L'orientation scolaire et professionnelle,* 6 (1), 1977.

5. Nous avons mentionné cet état de fait, particulièrement en ce qui concerne l'information scolaire et professionnelle, dans *S'entraider* et dans *Formation à l'entraide vocationnelle.*

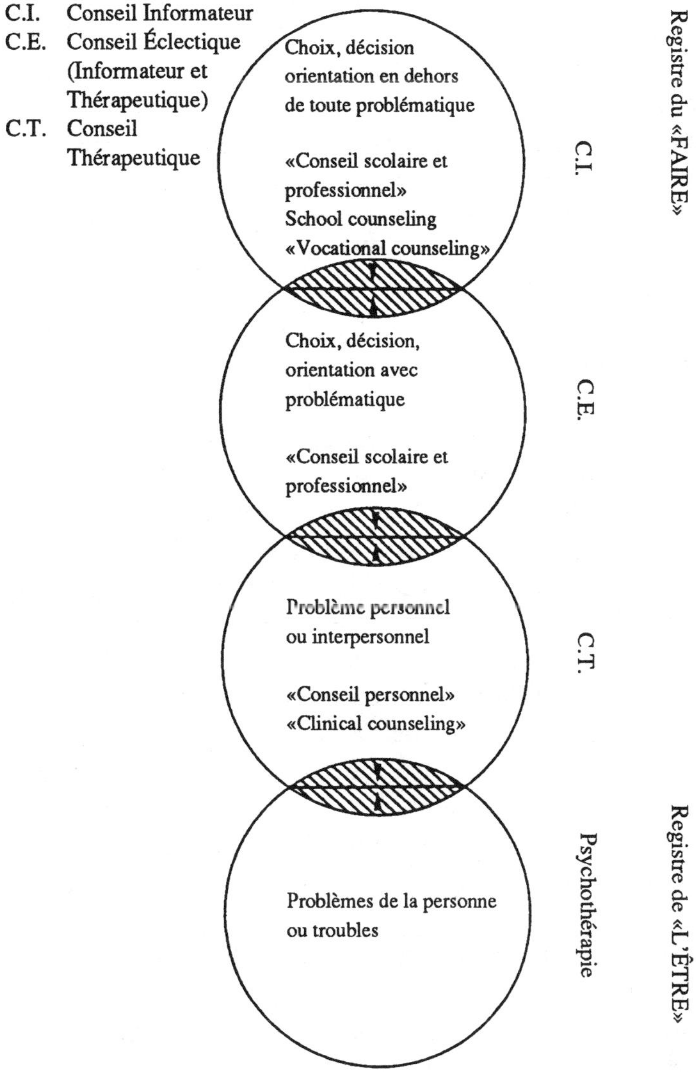

Figure 2. Schéma représentant les types de counseling (extrait de Zarka, 1977).

Par contre, certaines structures d'entraide démontrent quotidiennement comment des entraidants peuvent être adéquats pour aider des gens aux prises avec des besoins intenses, tels des troubles de la personnalité. À titre d'exemple, certaines associations d'ex-psychiatrisés pourraient témoigner des services qu'elles rendent!

Sans rejeter en entier le schéma de Zarka, l'objectif de cerner le «champ» propre à l'entraide oblige à chercher un supplément ailleurs.

À vos lignes

Revenons à l'analogie d'amorce de ce chapitre. Si tout le monde peut entrer, sans plus de formation, dans la *caste du counseling* ou tout au moins dans son antichambre, comment peut-elle être une caste, et ses membres revendiquer le statut d'initiés, c'est-à-dire celui d'experts?

Un autre langage est de mise. On parlera — fort à propos d'ailleurs — des entraidants comme étant des intervenants — pour ne pas dire des experts — de première ligne, les professionnels formant l'autre ligne. De toute évidence, le référentiel analogique ne vient pas du monde athlétique où la numérotation des lignes correspond à des rendements divers. Ainsi, la deuxième ligne d'un club de hockey est moins performante que la première, et ainsi de suite.

Non, pour comprendre cette analogie *de ligne,* il faut se référer aux structures militaires. En temps de guerre, une armée est constituée sur les prémices d'une ligne de front, c'est-à-dire qui doit être forte, omniprésente, à l'affût des moindres signes de danger, toujours prête à se battre... et, conséquemment, toujours la première sacrifiée. Elle doit mobiliser beaucoup de personnes, toutes aussi vaillantes les unes que les autres.

Il est donc normal que certains entraidants ne soient pas très chauds à l'idée d'une telle mission et qu'ils souhaiteraient avoir leur champ propre où ils seront maîtres et rois. Ultimement, cela actualiserait notre «prophétie» de schisme entre professionnels et entraidants, mais réfuterait l'autre, à l'effet que entraidants et professionnels soient unis pour la vie.

C'est pourquoi l'analogie de la pyramide, déjà utilisée, complète bien les précédentes. Néanmoins, afin de faire ressortir les *successions,* je parlerai de l'**enchaînement** intégrant dynamiquement le trio *entraidant, groupe d'entraide et professionnel.* L'enchaînement n'est réussi que lorsque que chaque maillon fait autrement que les autres; c'est ce que j'ai appelé le premier et deuxième ordres, sinon c'est l'impasse du «plus de pareil au même».

Lorsque l'on sollicite mon avis sur une structure d'entraide, à savoir si elle aura un lien avec une structure professionnelle, je réponds que celle-là doit faire, penser ou agir autrement que celle-ci. Par exemple, si la structure professionnelle travaille individuellement et sur rendez-vous, la structure d'entraide devra miser sur le groupe et le «centre de jour». Alors il y aura complémentarité, diversité et aucune raison d'être en compétition.

Revenons à cet enchaînement. À son plus bas, c'est-à-dire à l'état le plus primaire et le plus spontané, se retrouve le chaînon de l'*aide mutuelle.* Cette aide est subtile, discrète et omniprésente. Même son «praticien» l'ignore souvent!

Puis vient le chaînon des entraidants plus conscients et plus volontaires. Occasionnellement, ce chaînon se rattache à une structure comme Tél-aide. Ce qui caractérise ces deux premiers chaînons, c'est que l'entraide qui se pratique est généralement assumée *individuellement.* Le chaînon suivant (ou le deuxième niveau de chaînons si l'on veut tenir compte du fait que les professions sont également hiérarchisées) est celui du professionnel (seul ou en multidisciplinarité). Enfin, on retrouve à l'autre extrémité de l'enchaînement, le niveau des *groupes d'entraide* incorporant les *groupes d'entraide qualifiés.* L'enchaînement du trio ressemble donc à quelque chose comme ce qui est décrit à la figure 3.

Niveaux d'enchaînement		Prévention
3e niveau de chaînons	— groupe d'entraide qualifié — groupe d'entraide	tertiaire
2e niveau de chaînons	— l'équipe professionnelle — professionnel	secondaire
1er niveau de chaînons	— entraidant (seul) — aidant naturel	primairc

Figure 3. L'enchaînement du trio entraidant, professionnel, groupe d'entraide.

C'est pourquoi d'une part l'une des composantes ne peut se passer de l'autre!

Pour vérifier la pertinence de cet enchaînement, prenons un cas hypothétique, celui de madame Bonneteau[6].

Cette dame se sent à l'occasion inopinément démoralisée. Cela la déprime, lui enlève tout goût d'action. Or, depuis des années, quand ces états d'âme lui arri-

6. Pour les habitués de mes cours et conférences, ce nom sert à incarner une foule d'applications. Aujourd'hui, je l'inscris pour la postérité.

vent, elle a une bonne «jasette» avec Hortense, sa voisine (aidante naturelle), et cela la remet généralement d'aplomb. Hortense se sent valorisée par ces expériences (égocentrisme/consommation). Elle lit à l'occasion sur la dépression et un jour s'inscrit à un atelier en communication (altruisme/investissement). Elle en ressort avec le goût d'aider vraiment, surtout madame Bonneteau. Mais voilà que quelques mois plus tard, celle-ci a des symptômes de plus en plus aigus et fréquents, à tel point que Hortense se sent démunie. Elle lui propose alors de l'accompagner à la clinique externe du centre hospitalier. Une situation de crise est identifiée par les experts du centre et madame Bonneteau est hospitalisée pour recevoir des soins professionnels. Grâce aux bons soins la crise se résorbe, et les «professionnels» informent[7] *madame Bonneteau qu'ils seraient prêts à «signer son congé» à condition qu'elle prenne contact avec un groupe de* déprimés anonymes. *Ils l'ont convaincue qu'en cas de difficulté, c'est-à-dire d'apparition des symptômes, elle devait d'abord entrer en contact avec ce groupe... Retournant chez elle, elle est accueillie par Hortense qui l'informe chaleureusement des dernières nouvelles du quartier...*

---

7. Ce que les professionnels ne disent peut-être pas à madame Bonneteau, c'est qu'une fois la crise passée, ils deviennent de moins en moins efficaces, ils ont besoin de sa chambre pour une autre personne en crise, etc.

Impact de l'entraide individuelle ou groupale sur les structures professionnelles

Fort - fragile

Pour poursuivre la discussion, je dois maintenant introduire un autre tandem spécifique à l'entraidant, le tandem *fort-fragile*. En effet, tous les observateurs sont unanimes, l'entraide — et partant les entraidants — ont une solidité précaire.

Cette expression rend bien la chose. Que ce soit en Amazonie ou au Nouveau-Québec, de telles régions sauvages montrent un équilibre étonnant depuis des siècles. Elles ont leur écosystème et leurs règles propres qui leur permettent d'atteindre à la fois le maintien et la croissance. Elles ont aussi une beauté propre, capable de supporter toute comparaison. Or, dès qu'un intrus, un être humain par exemple, intervient dans ces lieux, supposément pour les enrichir et les rendre productifs, l'équilibre jusqu'alors observé risque de s'effondrer, peut-être de façon irrémédiable. C'est le paradoxe de la *force fragile* ou de la *fragilité forte.*

L'entraide incarne ces paradoxes qui, depuis vingt ans, études après études, révèlent la force de l'entraidant. Il est présent et disponible, il est aimé et recherché, il est efficace. Pourtant, une formation mal conçue, une structuration trop récupérante, un renforcement trop extrinsèque peuvent lui faire perdre sa spontanéité, son naturel, sa motivation, peut-être même son efficacité et, ultimement, sa popularité[8].

---

8. Poulin, B. et Vigneault, M., *L'aide entre cégépiens,* Laval, Cégep Montmorency, 1986.

Alors face à ce tandem, on retrouve trois prises de positions. La première retient la force, ignore, minimise ou contourne la fragilité. Plusieurs des écrits de Carr[9], bien connus au Québec, se rapprochent de cette position. La croyance des tenants de cette première position envers l'entraide est presque sans limite. Une formation générique ne fera qu'amplifier ce potentiel. Je tiens à souligner qu'il existe de nombreuses réussites en entraide qui épousent cette première conception de l'entraide.

La seconde position reconnaît aussi la *force,* mais se préoccupe davantage de la *faiblesse* de l'entraidant. Cette position amène alors ses tenants à aborder l'entraide avec respect et précaution, voire avec admiration. Ces tenants sont particulièrement réticents à considérer la structuration et la formation des entraidants. Cette position est très valable et assez répandue au Québec, surtout au niveau communautaire, grâce aux travaux de Guay[10]. Ici encore, la documentation fait état de belles réussites.

Quant à la troisième position, elle cherche à prendre en compte équitablement à la fois de cette force et de cette faiblesse. Ainsi, les tenants de la troisième position opteront pour la formation dans le but d'augmenter la force et de diminuer la faiblesse. Les entraidants éviteront alors le syndrome de la compassion[11], les erreurs dues à un excès d'altruisme ou d'égocentrisme tout en optimalisant leurs interventions et leurs objectifs. Je cherche personnellement dans cette voie…

---

9. Carr, R., «A Model for Consultation Training in Canadian Counseller Education Programm dans *Le conseiller canadien,* 15 (2), 1981.

10. Guay, J., *L'intervenant professionnel face à l'aide naturelle,* Chicoutimi, Gaétan Morin éditeur, 1984.

11. Le syndrome de la compassion est l'expression de rechange pour *épuisement professionnel* et *burnout,* lesquelles ont été galvaudées à force de servir pour tout et n'importe où.

Quatre scénarios

À plusieurs reprises[12], j'ai décrit l'impact de l'entraide sur les structures professionnelles à partir de quatre scénarios. Sommairement, le premier scénario consiste à éviter toute interaction formelle entre l'entraidant et le professionnel. Ce scénario est retenu par ignorance (par exemple, par le professionnel qui ne sait pas que des entraidants œuvrent dans son milieu et/ou domaine) ou par crainte (par exemple, par le professionnel qui croirait sa chasse gardée menacée par l'entraidant ou par ce dernier qui craindrait la récupération).

À partir de maintenant, toute lectrice ou tout lecteur qui ignorait l'entraide et qui sans le savoir perpétuait ce scénario ne pourra plus vraiment le faire parce que maintenant il le sait. À moins de faire comme l'autruche et se cacher la tête dans le sable... ce qui n'élimine pas le prédateur qui la suit! C'est pourquoi d'ailleurs les autruches sont une espèce menacée!

Le second scénario considère un rapprochement entre les deux parties, professionnel et entraidant, en faveur de l'entraidant. Cette décision du professionnel se justifie par un souci d'être plus accessible aux entraidants et à leurs clientèles. L'argument pourrait se résumer ainsi. *Puisque c'est là que l'action se passe, et puisque cette action est bonne et adéquate, il est logique que je me joigne à eux.* (À titre d'exemple, les prêtres ouvriers.)

Lorsque le professionnel ou la structure professionnelle qui retient ce premier scénario adhère à la première position, qui considère l'entraidant plus fort que fragile, ce sera ultimement pour mieux l'exploiter, pour mieux le

12. Voir *Formation à l'entraide vocationnelle.*

canaliser, bref pour augmenter son efficacité en quantité et en qualité. En revanche, s'ils sont tenants de la deuxième position (fort < fragile), même s'il lui démontre un grand respect, ce sera pour le protéger et l'encadrer, bref pour être à sa disposition[13]. Évidemment, la troisième position fera un peu des deux.

Le troisième scénario inverse le précédent en ce sens que le mouvement de rapprochement va vers le statut professionnel. Lorsque motivé par la première position (fort > fragile), le professionnel ou la structure professionnelle qui fait ce choix en vient progressivement à gommer le pôle fragile du tandem et à ouvrir toute grande la carte de l'expertise[14]. Par contre, si le choix est inspiré par la deuxième position (fort < fragile), ce sera dû à une sorte de mystification de l'entraidant et de son efficacité. Par rapport à l'exemple utilisé plus haut, cette attitude ressemblerait à un écologisme attentiste. Quant à la troisième position, elle se situerait, encore une fois, au centre des deux précédentes.

Je qualifierai le dernier scénario d'*interactionniste*. Ici, le mot d'ordre est *«chacun son métier et les chèvres de Monsieur Seguin seront bien gardées»*. Contrairement au premier scénario, ce quatrième invite à l'interdépendance, mais dans la différence et la complémentarité. Les tenants de ce scénario parlent d'un arrangement de type premier et deuxième ordres, pour éviter toutes répétitions, du genre «faire plus de pareil au même», et pour éviter toute rivalité, voire schisme entre les parties. Plus la différence entre les ordres est grande, plus efficace est la suprastructure qui les

13. Guay, J. et Lavoie F., «Modes d'évaluation des groupes d'entraide» dans *Revue québécoise de psychologie*, 2 (3), 1981.
14. Voir Carr, cité plus haut.

regroupe, c'est-à-dire le trio décrit antérieurement. Seule la troisième position fera adhérer à ce quatrième scénario[15]. Ce scénario capitalise à la fois sur la force et la fragilité de l'entraidant; sur la force, en lui reconnaissant des expertises propres et réelles, sur sa faiblesse, en lui fournissant formation et encadrement, afin qu'il évite épuisement et abus; sur les deux, en instaurant une structure *d'accueil et de coréférence,* c'est-à-dire qui va dans les deux sens, encore un atout susceptible d'éviter les schismes[16].

Quoique très valables aujourd'hui, ces «scénarisations» restent parcellaires et mécanistiques. Par ailleurs, elles réduisent les options. Alors, de plus en plus, je les remplace par la notion de paramètres.

Les paramètres

Pour simplifier l'étude, je prendrai les paramètres du point de vue du professionnel. En se référant à la figure 4, ces principaux paramètres sont:

— l'officialisation de l'entraide ou de son utilisation. Ce paramètre oscille entre le pôle officieux et le pôle officiel;

— l'expression de l'entraide allant de sa reconnaissance, à titre d'un climat, particulier à une structure formelle et publique;

— la «personnalisation» de l'entraidant allant de l'anonymat le plus total à la personnification intégrale;

---

15. Voir *Formation à l'entraide vocationnelle.*

16. Si je reviens à quelques reprises sur la possibilité de schisme, c'est que j'en ai vécu un personnellement, celui qui s'est fait entre les documentalistes et les orienteurs.

— la formalisation de l'entraide, paramètre qui se situe sur un continuum entre l'action naturelle et l'action apprise ou éduquée;
— le dernier paramètre se réfère à la modalité d'entraide dont la pierre angulaire sera l'individu ou le groupe.

Plus les pôles de gauche de ces paramètres seront retenus, plus l'entraide sera ignorée même si elle se fait déjà. C'est la reconnaissance implicite de son *statu quo.* Faut-il encore le dire, on n'invente pas aujourd'hui l'entraide. Elle existe déjà et depuis fort longtemps. À l'opposé, vers la droite, on retrouvera *l'entraide qualifiée,* impliquant les pôles suivants: officiel, structuré, personnalisé, formé, groupal.

Options	*Statu quo* ignoré	*Statu quo* reconnu	Entraide enrichie	Entraide de première ligne	Entraide qualifiée
Paramètres	officieux				officiel
	climat				structuré
	anonymat				personnalisé
	naturel				formé
	individuel				groupé

Figure 4. Les paramètres des options reliées à l'entraide.

Entre ces deux extrêmes, il existe une multitude d'options, dont quelques-unes sont énumérées dans la figure 4. Les options qui s'offrent aux professionnels impliquent un degré précis de reconnaissance et d'implication. Car si l'entraide — surtout pour un professionnel — ne permet pas de demi-mesure, en revanche, elle s'accommode de toutes mesures. Il ne tient qu'au professionnel, pour diverses raisons (valeurs, temps, organisations, etc.), d'y aller *à sa mesure*.

L'entraide ressemble à une rivière tumultueuse. On peut tout simplement l'admirer, on peut tendre au-dessus un câble avec quelques palmes et produire ainsi l'électricité nécessaire à une résidence, on peut aussi l'harnacher d'un barrage pour en faire une centrale hydro-électrique. Enfin, on peut la forcer en détournant les cours d'eau avoisinants pour constituer une mégacentrale. Ainsi, les options en question sont reprises dans la figure 5 afin de préciser les exigences requises et les résultats escomptés pour chacune d'entre elles.

Options	Exigences	Résultats	Exemples
Statu quo ignoré	+ nil	= aidants naturels	
Statu quo reconnu	+ annoncer cette reconnaissance «tu peux aider et des gens ont besoin d'aide»	+ aidants naturels	Semaine du mieux vivre dans un lycée ou une polyvalente
Entraide enrichie	+ formation aux quatre habiletés de base: • exploration • écoute • affection • identification honnête	+ pairs aidants	La Grosse oreille ou Tél-aide
Entraide de première ligne	+ formation: a) 4 habiletés b) fonctions: • accueil • «coréférence»	+ entraidants	Prévention du suicide dans les écoles
Entraide qualifiée	+ formation et encadrement a) 4 habiletés b) fonctions: • accueil • «coréférence» c) fonctions spécifiques	+ entraidants qualifiés	S.O.S. suicide

Figure 5: Application des options dans un milieu: exigences et résultats.

La formation

C'est sans doute la rubrique reliée à l'entraide qui a le plus évoluée depuis dix ans. Laurendeau et Roy[17] ont tous les deux fait état des divers programmes de formation, et je suggère aux intéressés de se référer à leurs études.

La présente section s'articule autour du tandem *fort-fragile,* rebaptisé pour l'occasion *naturel-formé;* deux mots qui nous plongent dans les questions du rôle et des objectifs de la formation pour entraidants. En d'autres termes, qu'est-ce qui qualifie et, le cas échéant, distingue la formation des entraidants de celle des professionnels?

À ce stade-ci de la réflexion, la réponse à la première partie de cette question est simple:

—*former pour rendre plus fort;*

—*former pour réduire la fragilité.*

Quant à la question touchant la distinction entre les formations, elle nécessite une explication plus longue. Selon moi, et dans un langage quelque peu provocateur, la formation des professionnels implique le passage par trois phases complémentaires:

a) naturel,

b) «dé-naturel»,

c) «re-naturel».

En écrivant ceci, je ne fais que paraphraser un langage fort répandu pour décrire le processus thérapeutique. On y parle de phases de:

---

17. Laurendeau, M.-C., *Guide pratique d'implantation d'un programme de soutien entre pairs chez les jeunes de 12 à 16 ans,* Montréal, DSC de l'Hôpital général, 1991.

Roy, M., *Les pratiques morales novatrices et les CLSC,* Anjou, Féd. des CLSC du Québec, 1977.

a) gel,
b) dégel (restructuration),
c) regel.

L'archétype de la formation professionnelle réussie est selon moi l'initiation, qu'elle soit chevaleresque ou mystique. Dans ces traditions, l'initié, le disciple n'est pas celui qui reste enfant. Ce n'est pas non plus celui qui s'arrête à mi-chemin; il est rejeté. C'est celui qui est redevenu enfant.

«Si vous ne devenez semblable à ces petits, vous n'entrerez pas dans le royaume.»

Lorsque le candidat, futur professionnel, a l'air gauche et maladroit avec ses expertises, c'est qu'il a perdu son naturel et ne l'a pas encore totalement redécouvert. Il n'est qu'à mi-chemin. En revanche, pour le professionnel expérimenté qui fait preuve de maturité, tout lui semble si naturel!

Bref, la formation professionnelle sérieuse consiste à *dénaturer* pour *renaturer*. Cela implique deux ruptures qualitatives entre chaque phase du processus. Encore des changements de premier et deuxième ordres!

Par contraste, si le futur entraidant doit recevoir une formation, son statut d'abord, ses objectifs ensuite font que cette formation sera et devra être minimale, ne visera qu'à *enrichir* son naturel, sans le dénaturer. Elle portera essentiellement sur l'intervention, sur et avec la *spatialité,* alors que celle des professionnels devrait inclure la maîtrise de la temporalité.

Néanmoins, comme la formation des entraidants s'élabore à partir de la même conception de *communication idéale* que celle des futurs professionnels, il est normal que nous retrouvions, dans une formation comme dans l'autre, des objectifs spécifiques communs et des activités comparables. Dans le premier cas, ils visent l'enrichissement alors que dans le second cas, ils doivent assurer le passage à travers les trois phases en question. C'est à cause de cette continuité que, de plus en plus, on retrouve des ex-entraidants dans les programmes de formation professionnelle. Opérationnellement, cela implique un juste dosage. Trop de formation pourrait malheureusement «dénaturer» un candidat à l'entraide. Pas assez pourrait laisser en plan et rendre grotesque un futur professionnel.

Certains formateurs d'entraidants utilisent une approche thématique fusionnant ainsi les habiletés aux contenus; d'autres se limitent aux habiletés génériques ou de base; d'autres enfin privilégient une méthodologie misant sur la spontanéité et le jeu, exempte de tout langage professionnel. Imaginez un jeune de quatorze ans qui auto-évaluerait son empathie pour savoir si elle est avancée! Le *Programme d'amélioration de la relation d'aide* qui suit va dans ce sens[18].

---

18. Le caractère «introduction» de ce programme explique sa polyvalence, c'est-à-dire le fait qu'il soit aussi efficace avec des entraidants qu'avec des professionnels. Mais je dois admettre qu'une telle polyvalence est rarissime et généralement inappropriée. *Ce qui est bon pour tous, ne l'est guère pour quelqu'un en particulier.* Ainsi, bien des professionnels avec de bonnes intentions ont échoué avec des entraidants parce qu'ils leur proposaient une démarche de formation reproduisant celle qu'ils avaient eux-mêmes suivie à l'université. Alors qu'il est très à propos dans une formation universitaire de parler de niveaux d'empathie et de congruence, il ne convient pas d'en parler dans le cadre d'un programme de formation pour entraidant.

DEUXIÈME PARTIE

Formation et supervision

CHAPITRE V

PARA, le programme d'amélioration de la relation d'aide

Face à la communication idéale, entraidant et professionnel se rejoignent. Toute relation d'aide, toute relation qui se veut aidante recherche cet idéal de communication.

Parce qu'il s'articule sur le concept de *communication idéale,* la programme d'amélioration de la relation d'aide PARA présenté ici s'adresse aussi bien aux futurs professionnels qu'aux futurs entraidants. Pour les premiers, il constituera une *initiation* aux habiletés, rôles et enjeux de la relation d'aide. Pour les seconds, ce programme est tout indiqué pour acquérir les habiletés de base à l'entraide. De plus, ce programme a maintes fois été utilisé pour le *perfectionnement* des professionnels d'aide. Leur évaluation révèle que PARA leur a permis de redécouvrir l'essentiel de l'entraide, «de redevenir enfant».

C'est pourquoi, tout au long de ce programme, les termes *aidant* et *aidé* seront utilisés signifiant tout aussi bien *entraidant* et *entraidé.*

Par rapport à la version 1982, la présente édition de PARA utilise une terminologie normalisée. Certains termes désuets ou irritants ont été révisés. De plus, elle intègre les supports technologiques élaborés depuis. Quant au fond, il est conforme à la mise à jour apparaissant dans la première partie de ce livre.

Finalement, afin de susciter l'implication des apprenants[1], contrairement aux autres chapitres de ce livre, le texte s'adresse directement à eux.

Ce programme fut conservé et remis à jour parce que, après dix ans, il est encore fortement utilisé pour la formation de professionnels non conseillers aussi bien que de futurs entraidants et, encore une fois, parce qu'il est appuyé maintenant d'un support technologique éprouvé et cohérent. Dans son ensemble, il répond toujours aux enjeux de l'entraide, en particulier à ceux qui ont fait l'objet de la partie précédente.

Vue d'ensemble

Comme une formation appropriée permet d'augmenter de façon sensible l'efficacité des entraidants sur le terrain, la seconde partie de ce volume s'attachera à décrire un programme susceptible de favoriser leur développement. Ce programme correspond à la définition de l'entraidant élaborée en première partie et a été conçu pour répondre aux exigences des entraidants en général. D'une durée approximative de quarante-cinq heures, il peut s'échelonner sur plu-

1. Dans la version de 1982, le terme *étudiant* a été utilisé. À cause de son caractère restrictif, surtout en Europe, il est maintenant remplacé par le mot *apprenant*.

sieurs semaines ou se concentrer sur quelques jours. Il s'inspire des travaux du professeur Kagan, qui dirige à ce sujet une équipe de recherche depuis 1962[2].

Ce programme a été conçu pour être appliqué à de petits ou de grands groupes. *Qu'on puisse l'utiliser efficacement en grands groupes constitue un atout important, il faut bien le reconnaître.*

De plus, plusieurs des unités du programme peuvent être complétées en sous-groupes sans la présence d'un formateur (groupe auto-animé) et être quand même efficaces, à la condition toutefois que les participants jouent le jeu et acceptent d'effectuer tous les exercices proposés par la méthode. Il est aussi possible de faire l'apprentissage de certaines unités de façon individuelle. Par contre, leur nombre demeure restreint et leur résultat limité puisque la pratique des relations interpersonnelles implique toujours au moins deux personnes.

Une grande variété d'individus, allant du professionnel hautement qualifié à la personne sans aucune formation en relations humaines, ont déjà expérimenté ce programme avec succès. En effet, celui-ci a été suivi par des psychiatres, des membres du clergé, des policiers, des professeurs, des médecins, des infirmières, des étudiants du secondaire, des manœuvres, etc. C'est donc démontrer la souplesse d'un tel programme.

Quant à l'aspect méthodologique, le programme préconise surtout deux approches: *le micro-enseignement, permettant de subdiviser l'apprentissage en unités, et l'acqui-*

2. Certaines parties de ce chapitre furent inspirées du livre de Kagan, N., *Interpersonal Process Recall: A Method of Influencing Human Interaction*, East Lansing, Michigan State University, 1976.

sition progressive des rôles impliqués dans la tâche de l'entraidant. Ces rôles, décrits plus loin, sont au nombre de neuf.

Sans être obligatoire, la formation gagne en efficacité si on utilise certains supports technologiques proposés dans quelques unités. En effet, et à titre d'exemple, les *retours assistés* sont pratiquement impossibles si les entrevues ne sont pas préalablement enregistrées sur bande magnétoscopique. Par ailleurs, depuis quinze ans, le film *Stimulinteraction*[3] s'avère un instrument sans pareil pour évaluer ses capacités de décodage, pour comparer, expérimenter et développer des attitudes et comportements plus susceptibles d'améliorer la communication[4]. Également, les *vidéogrammes* (voir appendice I) rendent plus concrets les concepts véhiculés tout au long des unités du programme. Enfin, il est indéniable que le présent *volume* et les lectures proposées permettent aux apprenants de saisir la cohérence de la formation.

Buts du programme

Peu de choses dans la vie nous affectent ou nous influencent autant que nos interactions avec les personnes qui nous entourent. Ce programme, qui vous est destiné si vous désirez acquérir une formation d'entraidants, vise donc à développer les habiletés vous permettant de mieux vous comprendre et de mieux comprendre les autres. Il peut

---

3. Ce film est en franco-québécois. Il existe ainsi d'autres versions pour les jeunes (Collège de Saint-Jérôme), les infirmières (Université de Sherbrooke), etc. (Voir l'appendice II.)

4. Limoges, J., «*Stimulinteraction;* la réalité sur mesure», dans *Bulletin de psychologie*, XLIII (395), 1990.

aussi vous aider à devenir un meilleur écoutant et un communicateur plus efficace. La formation tend à développer trois types d'habiletés.

a) La capacité de comprendre clairement ce qu'une personne dit directement et indirectement, sur les plans cognitif et affectif.
b) La capacité de mieux reconnaître et d'identifier l'impact qu'a une autre personne sur vous.
c) La capacité d'échanger vos découvertes sur vous-même et sur les autres. Cela suppose une mise en commun des sentiments, des émotions, des réactions que l'implication dans le programme suscite chez vous.

L'utilisation de ces habiletés suscitera chez vous des changements importants: vous comprendrez mieux votre style de vie, vos comportements, vos attitudes, de même que ceux des autres. Avec le temps, vous serez plus aptes à modifier certains aspects de vos relations interpersonnelles qui vous laissent insatisfaits et vous serez en mesure d'aider les autres à entreprendre une même démarche. Les autres, en retour, se sentiront mieux compris et seront portés à vous faire part davantage de leurs expériences, à cause de l'intérêt que vous leur manifestez. *En somme, vos relations avec autrui deviendront plus profondes et plus significatives.*

Ceci représente un défi de taille, mais la volonté de travailler à l'amélioration de vos relations interpersonnelles vous rend cette méthode accessible. Elle n'exige aucune connaissance théorique préalable sur la personnalité ni aucune expérience dans le domaine de la relation d'aide.

Stratégie d'apprentissage

C'est à travers une série d'expériences qu'on appelle «unités» que vous apprendrez ces habiletés. Chacune de ces unités vise la maîtrise d'une habileté de communication spécifique. Chaque habileté sera toujours clairement décrite, même si parfois elle devient assez complexe.

Les stratégies d'apprentissage comportent souvent deux volets: d'abord un premier volet où vous prendrez conscience de votre façon personnelle d'interagir avec autrui et un second où vous vous familiariserez avec des modes d'interventions spécifiques vis-à-vis des autres. Par exemple, il est possible d'étudier, à l'aide de films, comment d'autres personnes constituent des menaces pour vous et quels sont les stimuli auxquels vous réagissez moins bien. Aussi, à l'aide de bandes magnétoscopiques ou magnétiques, vous aurez l'occasion d'examiner votre comportement d'aidant. Vous découvrirez ainsi votre capacité de vous engager dans un processus *d'auto-observation* et d'effectuer, à votre propre rythme, un apprentissage dans les domaines précis de communication où vous vous sentez frustré et inefficace. Il sera aussi possible de *prendre conscience* et d'expérimenter des interventions spécifiques pour aider une personne à examiner ce qu'elle vit, dit ou ressent.

Lecture complémentaire

Auger, L., *Communication et épanouissement personnel,* Montréal, Éditions de l'Homme/CIM, 1972.

Notes pédagogiques au formateur

Ce programme de formation est empreint de respect du participant et tient à ne jamais brimer sa liberté. Toutefois, par souci d'honnêteté, il faut tout de suite préciser que tous seront invités à définir leurs objectifs, à analyser leur rendement et à s'auto-évaluer régulièrement. *Ces démarches visent toujours à développer la prise en charge personnelle, le sens des responsabilités et de l'autocritique.*

Comme c'est un programme structuré de façon précise, il importe de vous présenter le plus clairement possible l'ensemble des objectifs qu'il propose.

Les objectifs du programme

Tout programme de formation comporte ce que l'on appelle un «curriculum non dit», c'est-à-dire un contenu transmis par le contexte, par l'esprit des formateurs, par les valeurs véhiculées dans la méthode, etc. Dans le programme présenté dans ce livre, ce «curriculum» se situe surtout au point de vue de *sa structure volontairement rigide.* On vise à encadrer suffisamment l'apprenant dans sa démarche d'ouverture à de meilleures relations interpersonnelles qui, elle, doit être très personnelle. On ne souffle jamais à l'apprenant ce qu'il doit dire: c'est lui, et seulement lui, qui choisit toujours les sujets de discussion à l'intérieur de son apprentissage de la relation d'aide. Toutefois, cet apprentissage est gradué afin qu'il ne perde jamais pied.

L'amélioration de ses rapports avec autrui à partir de l'apprentissage de la relation d'aide constitue aussi un autre élément de ce «curriculum non dit». L'objectif suprême consistera toujours à développer chez l'apprenant une meilleure habileté à communiquer. Que cela se fasse par l'apprentissage des qualités de la relation d'aide représente un atout majeur de ce programme. L'apprenant pourra à la fois se développer et acquérir une compétence supplémentaire pour le futur. C'est donc avec un souci de transparence que je rends public ce que je sais de ce «curriculum non dit» en précisant les objectifs généraux de ce programme. Cela sera aussi utile à toute personne contrainte, pour des raisons administratives ou autres, de formuler ces objectifs.

Disons tout de suite que chaque unité du programme contient trois «niveaux» d'objectifs: le savoir, le savoir-faire, le savoir-être[5]. Ce sont d'abord les objectifs généraux de ces niveaux, constituant au fond une grande partie de ce «curriculum non dit», que je veux vous décrire brièvement. Pour des raisons d'économie, j'emploierai uniquement le masculin pour désigner autant les femmes que les hommes impliqués dans cette formation.

a) Niveau du savoir

Chaque apprenant devrait démontrer qu'il comprend certaines notions fondamentales du counseling et des relations interpersonnelles. Chacune des unités contiendra donc des éléments théoriques pour répondre à cet objectif. Ces éléments sont résumés au début de chaque unité et, dans certains cas, font l'objet d'un vidéogramme.

b) Niveau du savoir-faire

Chaque apprenant augmentera sa capacité de comprendre les messages directs et indirects d'autrui, que ceux-ci se situent aux plans cognitif ou affectif.

---

5. Ardoino, J., *Propos actuel sur l'éducation*, Paris, DINO, 1968.

Chaque apprenant augmentera sa sensibilité à reconnaître et identifier l'influence (l'impact) qu'une autre personne a sur lui.

Chaque apprenant apprendra à partager, au moment approprié, sa perception et sa compréhension des autres, de même que ses réactions à leur égard.

C'est par une série d'exercices présentés dans chaque unité que ces habiletés seront développées.

c) Niveau du savoir-être

À la fin du programme, l'apprenant devrait être en mesure de dégager et de questionner son style de relations interpersonnelles.

Les attitudes impliquées dans une telle démarche font aussi l'objet d'une attention particulière dans chacune des unités.

Pour faciliter l'apprentissage, on a maintes fois prouvé l'importance de démontrer la tâche à accomplir. Cette démonstration peut se faire par un jeu de rôles ou encore à l'aide de vidéogrammes.

Résumé du programme

Avant d'entreprendre la description détaillée des unités et la présentation des différents exercices, il nous apparaît important de brosser un tableau général de l'ensemble du programme.

— Au cours de l'unité I du programme, l'apprenant apprend à *augmenter son répertoire de réponses* au point de vue de la relation interpersonnelle. Il se familiarise de façon cognitive et expérientielle avec quatre habiletés de base d'une communication de type facilitante:

a) intervention exploratoire,
b) intervention d'écoute,
c) intervention affective,
d) intervention d'identification honnête.

— Dans l'unité II, à l'aide de vignettes du film *Stimulinteraction* et de la technique du «retour assisté», l'apprenant apprend à reconnaître ses propres réactions, pensées et sentiments. Aussi, de façon particulière, il prendra conscience de la façon dont il bloque quelquefois sa compréhension du message du client et, de ce fait, évite d'entrer en interaction plus significative avec lui.
— L'unité III porte sur l'apprentissage du *rôle d'investigateur.* En dirigeant une session de retour assisté, l'apprenant apprend à utiliser avec plus d'assurance la confrontation nécessaire à un retour significatif. Cette confrontation ne doit jamais être confondue avec l'affrontement, lequel n'est jamais aidant alors que la confrontation l'est. Le préfixe *con* signifie avec, donc confronter veut dire «faire face ensemble».
— L'unité IV porte sur la pratique du *rôle d'aidant* à partir de *retours assistés* avec un investigateur. Ici, les apprenants deviennent des facilitateurs, les uns pour les autres. Chaque apprenant met ensuite sur bande magnétoscopique (ou seulement magnétique) une ou plusieurs entrevues avec un collègue qui joue le rôle de client afin de pouvoir ensuite observer cette entrevue.
— À l'unité V, l'apprenant ayant joué le rôle d'aidant reçoit les rétroactions de son *aidé*. On fait alors intervenir un deuxième collègue qui, grâce à la bande déjà enregistrée, accompagne l'«aidé» dans l'analyse de l'intervention de l'aidant. L'apprenant prend ainsi cons-

cience de deux types d'interventions: celles ayant déclenché de nouveaux processus de prises de conscience et celles s'étant avérées inutiles et même inhibitrices.

— Au cours de l'unité VI, l'apprenant apprend à utiliser l'entrevue de façon à améliorer la qualité de la relation avec son «aidé». «Aidé» et «aidant» sont tous deux présents au retour assisté. Ils sont alors incités par l'investigateur à verbaliser les attitudes, les sentiments, les pensées et les attentes restés inexprimés au moment de l'entrevue. Ils revoient aussi les stratégies employées par l'aidant. On appelle cette technique le *retour assisté mutuel.* L'apprenant augmente ainsi sa compréhension d'un processus complexe de relations interpersonnelles. Il améliore par conséquent son habilité à interagir dans un tel contexte. Alors se produit une mutation profonde. Ce qui semblait être un moyen pour s'initier à la bonne communication devient l'idéal de communication. En d'autres mots, le retour assisté mutuel devient le prototype d'une bonne communication.

Lecture complémentaire

Revoir la première partie.

Projets d'avenir

À la suite du succès obtenu avec le film *Stimulinteraction,* je projette de réaliser un second film, dans lequel les vignettes utilisées dans le premier film seraient regroupées d'abord selon les catégories du circomplex de Leary (voir unité II, fig. 4) et, ensuite, selon une progression allant vers la partie extérieure de ces catégories. Le programme avancé viserait à aider l'apprenant à maîtriser les catégories du cercle de Leary en trois étapes: premièrement, il prendrait conscience des octants maîtrises et des octants menaçants; deuxièmement, il apprendrait à composer avec les octants (catégories) graduellement en commençant par les plus faciles; et troisièmement, il développerait des habiletés à interagir en se servant de tous les octants.

UNITÉ I

Pratique de réponses facilitant la communication

Le savoir

Deux principes sous-tendent le *programme d'amélioration de la relation d'aide* PARA. Le premier principe consiste à croire que **tout être humain est en mesure de distinguer une bonne relation interpersonnelle d'une mauvaise** et de considérer qu'entre ces deux extrêmes, il existe une foule de points intermédiaires. Le second principe est à l'effet qu'**il est possible d'influencer une relation interpersonnelle** en vue de la rendre meilleure, c'est-à-dire plus vraie, plus sincère et plus efficace.

Pour mieux comprendre l'implication de ces deux principes, imaginons l'exemple de la conversation entre deux individus. L'analyse sera encore plus évidente si nous portons notre attention uniquement sur l'aspect verbal de cette conversation. La première constatation qui s'impose, c'est qu'un individu parle pendant que l'autre écoute et que ces rôles s'inverseront ensuite pour constituer un nouveau segment. Pace[1] a dégagé les composantes d'une telle dyade. Les voici schématisées dans la figure suivante:

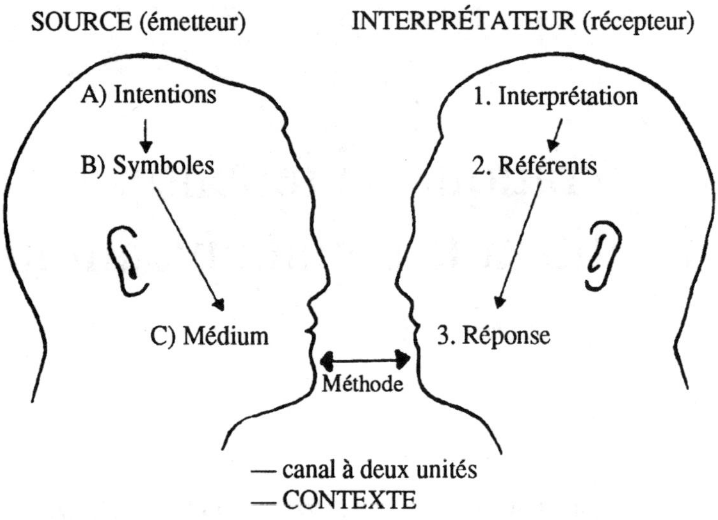

Figure 1. Communication interpersonnelle avec canal à deux unités. Adaptation du schéma de Pace.

Une personne émet un message, elle est la source ou l'émetteur. Examinons les étapes du processus de transmission d'un message. Elle désire communiquer un certain message ayant une certaine signification, entre autres, au plan émotif.

a) Elle utilisera un certain mode composé d'images, de signes, de symboles pour traduire son message (ce code, c'est la langue en quelque sorte, avec toutes ses possibilités).

1. Pace, W. et Boren, R., *The Human Transaction*, Glenneview, Scott, Foreman and Co., 1973.

b) Elle choisira la parole qui constitue un véhicule pour son message maintenant codifié de façon linguistique.
c) La conversation constitue, dans ce segment, la méthode de communication. Constatez le rôle primordial que jouent les sens!

Une personne reçoit le message, c'est l'interprétateur ou le récepteur.

a) Elle doit décoder linguistiquement le message reçu par les sens.
b) Ce message rejoint un certain nombre de symboles, d'images, de référents, et prend toute sa signification (gare aux préjugés!).
c) Elle prépare une réponse: elle devient alors la source ou l'émetteur d'un nouveau message via ses sens.

Il s'agit donc d'un canal à deux unités puisqu'il y a un émetteur et un récepteur pouvant interchanger leur rôle. L'ensemble des messages que s'échangeront les interlocuteurs dans cette relation interpersonnelle constituera un contexte aussi appelé climat.

On est conscient que toute tentative de schématiser une communication la réduit au point de la rendre simpliste; toutefois, dans l'apprentissage proposé par l'unité, elle peut devenir utile. En effet, en segmentant le processus de la communication, ce schéma nous permettra d'en analyser chacune des étapes et de mettre l'accent sur celle(s) qui vous paraît (paraissent) plus difficile(s). Vous pourrez aussi vous servir de ce modèle pour analyser votre propre façon de communiquer et découvrir certains problèmes, par exemple: ne pas regarder son interlocuteur, ne pas laisser l'émetteur terminer son message avant de répondre, ne pas parler assez fort, etc.

Même sans formation spécifique, presque tout le monde peut identifier les conditions nécessaires à une bonne communication. De plus, les critères retenus par la majorité seraient probablement reconnus comme universels et recueilleraient l'assentiment des experts. Jouez le jeu et tentez de répondre à cette première question.

a) Selon vous, quelles sont les conditions nécessaires pour que le segment de conversation décrit plus haut corresponde à votre conception de la communication idéale?

Vos réponses contiendraient des critères portant sur l'un ou l'autre des trois éléments de la communication: l'individu qui parle (l'émetteur) et l'individu qui écoute (le récepteur) et enfin, sur le contexte de la communication ou deux de ces éléments. Substantiellement, ces critères pourraient se résumer ainsi: premièrement, pour avoir une bonne communication, l'émetteur doit être clair, intelligible, sincère, etc.; deuxièmement, le récepteur doit bien «recevoir», c'est-à-dire qu'il doit s'assurer d'avoir bien entendu et d'avoir bien fait la distinction entre ce qui vient de l'émetteur et ce qui vient de lui; troisièmement, le climat doit permettre l'acceptation mutuelle de l'émetteur et du récepteur afin de créer suffisamment d'impact réciproque pour éliminer les interférences majeures. Ces réponses ne sont pas le fruit du hasard, mais la synthèse des éléments apportés par les participants ayant pris part au programme depuis plusieurs années. Cette première question en entraîne spontanément une deuxième qui permettrait d'approfondir et d'améliorer la communication.

b) Quelles consignes suggéreriez-vous à deux individus pour les aider à améliorer leur communication?

À cette deuxième question, vous apporteriez probablement ce type de consignes. L'émetteur doit transmettre le mieux possible son message, vérifier si le récepteur a bien compris, s'exprimer sans arrière-pensée, etc. Le récepteur doit vérifier s'il a bien compris, constater si le message verbal correspond au message non verbal, identifier s'il laisse percer des interférences comme des préjugés, des jugements, etc. L'un et l'autre doivent reconnaître les interférences extérieures les empêchant de communiquer adéquatement. Enfin, une troisième question vous permettrait d'aller encore plus loin.

c) S'il est possible d'améliorer la communication entre l'émetteur et le récepteur, quel serait alors le type de communication par excellence?

À cette dernière question, on escompterait recevoir des réponses telles que: l'individu qui parle doit s'ouvrir au point où il devient lui-même dans toute sa plénitude. Celui qui écoute doit chercher à comprendre toute la complexité du problème amené par l'émetteur, sans le juger et sans laisser ses propres réactions biaiser son écoute. Les deux individus impliqués doivent s'assurer de la disponibilité d'écoute de l'autre, d'une part, et de l'absence de toute barrière environnementale, d'autre part. Les théoriciens de la relation d'aide, dont Rogers, Carkhuff et Auger[2], ont juste-

---

2. Auger, L., *Communication et épanouissement personnel,* Montréal, Éditions de l'Homme, 1972; Carkhuff, R., *Helping and Human Relations,* Vol. I et II, New York, HRW, 1969; Rogers, C., *La personne humaine,* Paris, Dunod, 1966.

ment appelé ces trois ingrédients de la communication la *congruence*, l'*empathie* et le *climat inconditionnel*. On ne s'étonne donc pas, comme le révèle la première partie de ce livre, que bien des programmes de formation d'entraidants, dont celui-ci, aient sur plusieurs aspects un rendement comparable à celui des programmes de formation dite professionnelle puisqu'ils visent les mêmes objectifs[3].

Ainsi donc, le *laïc* en relation d'aide, selon cette hypothèse, retiendrait en réponse à ces questions les mêmes qualités essentielles à la bonne communication que les professionnels aidants. Cela amène certains auteurs, tels que Rogers, Leonard, Brown et Limoges[4], à suggérer que les habiletés d'aide sont innées, même si affaiblies par les avatars de la vie. De plus, si vous avez tenté de répondre à mes questions ci-dessus, vous avez probablement contribué vous-même à confirmer cette hypothèse!

Idéalement, le *programme d'amélioration des relations d'aide* PARA voudrait atteindre l'objectif formulé dans les réponses à la troisième question (question c), c'est-à-dire de rendre l'entraidant plus congruent, plus empathique et plus ouvert. Quant aux objectifs intermédiaires du PARA, ils correspondent à la réponse de la première question (question a). Toujours dans le sens de cette analogie, les réponses à la seconde question fournissent les consignes méthodologiques, par exemple, lors des exercices de décodage.

---

3. L'empathie est une identification affective à une personne sans qu'il y ait fusion avec celle-ci. En formation, je résume mon topo sur l'empathie en disant qu'un aidant est là pour aider un autre à résoudre un problème, mais l'empathie l'empêche de devenir la solution de ce problème!

4. Voir Rogers, (note 2 du chapitre) et également Brown, C., *Human Teaching for Human Learning*, New York, Viking, 1971; Leonard, G., *Education and Cestasy*, New York, Delta Books, 1968.

Globalement, le PARA répond à deux attentes: l'une de *consommation* et l'autre *d'investissement*. La première est satisfaite en vous pourvoyant d'une aide pour améliorer vos relations interpersonnelles et la seconde, en vous formant comme entraidant en relation d'aide. Ainsi, à la fin du programme, vous serez en mesure d'aider d'autres personnes à améliorer leurs relations interpersonnelles. Vous développerez chez elles la congruence, l'empathie et la chaleur inconditionnelle, *de la même façon que vous les aurez expérimentées vous-même dans le programme de formation.*

Vous remarquerez que dans chacune des unités du PARA, les sections «savoir-être» et «savoir-faire» ont été conçues dans le but de satisfaire respectivement les attentes de *consommation* et d'*investissement*.

Tableau I

Cadre théorique à la méthodologie*

Symboles	émetteur	contexte	récepteur
Question a) Selon vous, quelles sont les conditions nécessaires pour que le segment de conversation décrit plus haut corresponde à votre conception de la communication idéale?	— être clair — précis — intelligible — cohérent — verbal = non verbal — ressenti	— pas d'interférence — place pour les deux — acceptation mutuelle	— attentif — observer si non verbal = verbal — distinguer ce qui vient de lui versus ce qui vient de l'émetteur — compris
Question b) En tenant compte des deux principes énoncés précédemment, quelles consignes suggéreriez-vous à ces deux individus pour les aider à améliorer leur communication?	— émettre clairement — parler plus fort — exprimer sa deuxième pensée — verbaliser le non-verbal — vérifier si le récepteur a saisi	— identifier comment ils se sentent ensemble — effet du lieu, meuble, etc.	— reformuler — verbaliser le non-verbal — identifier ce qu'il vit et ressent — dégager le deuxième message — purifier sa réponse — réactions de son corps
Question c) Toujours dans l'optique de ces principes, s'il est possible d'améliorer la communication entre l'émetteur et le récepteur, quel serait alors le type de communication par excellence?	Congruence (se permettre d'être pleinement soi-même et, au besoin, le verbaliser)	Climat de chaleur et d'acceptation (chacun s'accepte et se reçoit mutuellement)	Empathie (comprendre pleinement et à tous les niveaux ce qui se passe en l'autre)

* Le point d'analyse retenu est celui de l'émetteur.

Le savoir-faire

Les habiletés de base

Comme le programme vise à faire de vous un individu honnête avec lui-même, capable d'écouter et d'aider les autres en établissant un climat de confiance et d'acceptation, l'unité I vous propose d'abord de pratiquer quatre habiletés destinées à faciliter et à instaurer une telle communication d'aide. Voici, brièvement décrites, chacune de ces habiletés.

a) **Les interventions exploratoires:** celles qui encouragent, qui donnent de l'espace à l'autre, qui l'incitent à la participation active et l'invitent à prendre des responsabilités.

Moyens: — utiliser des questions ouvertes suscitant des réponses élaborées pour éviter les «oui» et les «non» trop laconiques;
— établir une collaboration égalitaire.

Exemples: — «Qu'est-ce qui t'amène à croire que ton professeur t'en veut?»
— «Peux-tu m'aider à mieux comprendre la situation?»

b) **Les interventions d'écoute:** celles qui communiquent un intense désir de comprendre et qui incitent à la clarification et à l'observation de soi.

Moyens: — reformuler les phrases complexes;
— clarifier les phrases ambiguës;
— chercher à obtenir des réponses brèves.

Exemple: — «Tu viens de me dire beaucoup de choses. Ce que je dégage de tout cela, c'est que tes parents tiennent à contrôler tes sorties...»

— «Je vois deux aspects distincts dans ce que tu me dis. Il y a... et... Quel aspect te semble le plus important?»

c) **Les interventions affectives:** celles qui s'adressent aux sentiments, aux attitudes et aux valeurs tant chez l'aidé que chez l'aidant. Elles passent aussi par la tonalité et le non-verbal qui ajoutent au verbal et incitent à la conscience de soi.

Moyens:
— identifier le sentiment relié au discours;
— explorer les sentiments;
— décrire et partager ses propres sentiments.

Exemple:
— «La situation te trouble beaucoup!»
— «Comment te sens-tu?»
— «Je t'avoue qu'une telle proposition me rendrait aussi inquiet que toi.»

d) **Les interventions d'identification honnêtes:** celles qui sont directes, droites, honnêtes, sans être brutales; elles incitent l'autre à se remettre en question et l'amènent à une rapide intensité d'analyse.

Moyens:
— traiter de façon engagée et directe les thèmes énoncés;
— traiter de façon engagée et directe le processus en cours.

Exemple:
— «Tu veux me dire que tu n'aimes pas ma façon d'enseigner!»
— «T'as peur de perdre la face!»

Pratique des diverses habiletés de base

Au cours de l'exercice qui suit, vous devez lire la phrase écrite comme si elle vous était adressée verbalement et ensuite écrire une réponse illustrant l'habileté d'intervention suggérée. Cela devrait vous aider à distinguer les divers modes d'intervention et à formuler une réponse facilitante en vos propres mots. Évidemment, *aucun exercice écrit ne saurait se substituer au processus d'interaction continu, dans un «ici et maintenant»* avec autrui, mais le présent exercice demeure quand même utile pour l'apprentissage au plan cognitif.

Dans le but d'intégrer une information ou un contenu et cela à tous les plans, l'être humain doit d'abord différencier et segmenter. Au plan psychologique, il en est ainsi. Il faut concentrer nos efforts sur un aspect à la fois même si cela occasionne des mouvements gauches et mécaniques. À titre d'exemple, l'apprentissage de la natation. En relation d'aide, cela prend la forme de *prises de position différentes*.

a) Exercices d'intervention exploratoire

1. Un jeune homme: «Je ne sais pas ce qui est arrivé. Tout semblait aller si bien et, tout à coup, elle est partie... Elle a pris la porte, vous savez. J'ai dû faire quelque chose... ou dire quelque chose...»
   Un exemple d'intervention exploratoire serait: ________
   ____
   ____

2. Un adolescent: «J'ai fait tout ce qu'ils m'ont demandé de faire. J'ai même essayé de changer mon attitude parce que je savais qu'ils voulaient que je sois positif. Mais me voilà encore où j'ai commencé... Il n'y a rien qui semble marcher pour moi!» (Il ferme les yeux, secoue la tête.)

Un exemple d'intervention exploratoire serait: ________

3. Un homme: «Je n'ai jamais été aussi embarrassé dans toute ma vie. Mon patron m'appelle et me dit de me rendre à cette réunion immédiatement. Lorsque j'arrive là, tout le monde veut savoir où est mon rapport. Je demande: "Quel rapport?" Personne ne veut croire qu'on ne m'en a jamais soufflé mot!»
Un exemple d'intervention exploratoire serait: ________

4. Un homme âgé: «Toute ma vie, j'ai rêvé de faire ce voyage, puis ma femme est tombée malade et maintenant je ne peux plus.» Il fixe le sol en silence.
Un exemple d'intervention exploratoire serait: ________

5. Un jeune homme: «Il me dit des choses comme "sois poli" ou "qu'est-ce qu'il y a de mal à aimer son pays?" ou pire encore "quand vas-tu devenir un adulte?" Pouvez-vous imaginer ce que c'est? Comment je me sens?»
Un exemple d'intervention exploratoire serait: ________

b) Exercices d'intervention d'écoute

1. Une jeune femme: «Je ne sais pas quoi dire. J'ai le goût de parler à quelqu'un de ce qui est arrivé, mais je ne sais

pas comment commencer. Je ne sais pas ce qui est le plus important... Je ne veux pas que vous pensiez que je suis folle... Je pense bien que c'est ça qui embrouille tout.»
Un exemple d'intervention d'écoute serait: ____________

____

____

2. Une femme mariée: «Vous devriez voir la chaise que j'ai achetée. J'en ai cherché une pendant cinq ans et hier, j'ai trouvé celle qui était parfaite dans un encan de ferme... J'avais assez peur de faire une offre sur cette chaise... tout à coup, elle était à moi. Ça ne me ressemble pas du tout de faire ça, vous savez!»
Un exemple d'intervention d'écoute serait: ____________

____

____

3. Un jeune homme: «Je veux pas faire de trouble à personne, c'est tout. Si je pouvais passer sans déranger personne, faire ma petite affaire, vous savez! Je serais bien heureux, mais je finis toujours par me faire embarquer... C'est bien embêtant.»
Un exemple d'intervention d'écoute serait: ____________

____

____

4. Une jeune femme: «Depuis que j'ai déménagé dans cet appartement, je me sens si seule et si triste. Je pleure beaucoup et je ne sais pas pourquoi... peut-être que je n'aurais pas dû déménager? Je ne sais pas... Est-ce que ça arrive souvent aux gens qui déménagent beaucoup? Je veux dire, pensez-vous que c'est normal?»

Un exemple d'intervention d'écoute serait: ______________

____

____

5. Une jeune fille: «Je sais que les gens m'aiment, spécialement les garçons, et c'est bien. Mais parfois je souhaiterais être moins populaire. Ça devient un fardeau... les gens finissent par toujours compter sur vous pour du soutien...»
   Un exemple d'intervention d'écoute serait: ______________

   ____

   ____

c) Exercices d'intervention affective

1. Un homme au début de la trentaine: «Ça me fait mal au cœur de penser à tout ce temps perdu; quand je pense à toutes les chances que j'aurais eues de faire quelque chose... je les ai toutes laissées passer.»
   Un exemple d'intervention affective serait: ______________

   ____

   ____

2. Une femme au début de la trentaine: «Il me fait venir à son bureau pour discuter un problème que nous avions au travail. Rien de bien important, mais nous avons eu une bonne conversation et ensuite... vous savez ce qu'il a fait? Je m'apprêtais à partir lorsqu'il m'a flatté les fesses... Il en a du front, le salaud!»
   Un exemple d'intervention affective serait: ______________

   ____

   ____

3. Un jeune homme: «Avant, je réussissais très bien à l'école. Mais maintenant je ne sais plus ce qui m'arrive. On dirait que je peux juste m'asseoir et fixer dans l'espace; je ne peux pas étudier, je ne peux pas manger, rien ne m'intéresse. Je pense que je deviens fou.»
   Un exemple d'intervention affective serait: ____________

   ____

   ____

4. Un jeune homme: «Savez-vous ce qu'il m'a dit ce professeur-là? Il m'a dit que si je ne fais pas ce qu'il me dit de faire en classe, il va me mettre à la porte! Comment vous trouvez ça? C'est comme si j'étais une bête de somme qu'il fallait dompter.»
   Un exemple d'intervention affective serait: ____________

   ____

   ____

5. Un étudiant du secondaire: «Tout le monde rit de moi quand je parle dans la classe, alors je me tais. Mais ça ne veut pas dire que je ne pense pas ou bien que je n'ai pas de sentiments. Je suis une personne humaine moi aussi, vous savez.»
   Un exemple d'intervention affective serait: ____________

   ____

   ____

d) Exercices d'intervention d'identification honnête

1. Une femme âgée: «Qui sait ce qui va arriver? On va tous mourir un jour. Mais pour une fois dans ma vie, j'aimerais être capable de faire ce que je veux plutôt que ce que les autres me disent. Pour qui ils se prennent les infirmières et les docteurs, des dieux?»

Un exemple d'intervention d'identification honnête serait: ______________________________

____

____

2. Une jeune femme: «Je l'ai frappé! J'ai juste pris mon élan puis je lui ai donné une bonne gifle. Mon Dieu qu'il était surpris! Et puis franchement, moi aussi!»
Un exemple d'intervention d'identification honnête serait: ______________________________

____

____

3. Une adolescente: «Bien sûr que j'aime mes professeurs en tant que personnes, mais je n'apprends pas beaucoup d'eux... Ils parlent... parlent jusqu'à ce que je m'ennuie à mort et ensuite ils sont blessés si je ne leur donne pas la bonne réponse. Maudite vie!»
Un exemple d'intervention d'identification honnête serait: ______________________________

____

____

4. Un homme: «Maudit! Quelle sorte de fous mènent ce monde-ci. Même au bureau, il n'y a personne qui a l'air de savoir ce qu'il fait, et puis ils sont indifférents.»
Un exemple d'intervention d'identification honnête serait: ______________________________

____

____

e) Exercices d'intégration

1. Un enseignant: «Chaque jour, c'est la même chose... Les étudiants qui font les bouffons... essaient de m'avoir. Ils me prennent pour un fou? Je le sais ce qui se passe. Ils sont incapables de rester assis deux minutes tranquilles sans se mettre à faire les drôles. Tu croirais qu'à leur âge ils devraient agir comme des êtres humains normaux... Quelquefois, j'ai l'impression d'enseigner à une bande d'animaux, et à chaque année, ça empire.»
   Un exemple d'intervention combinant deux ou plusieurs modes différents serait: ______________________

   ____

   ____

2. Un jeune homme: «Ma blonde m'a dit qu'elle n'était pas prête à s'engager avec une seule personne. Elle dit qu'elle veut en rencontrer d'autres... Mon Dieu! moi qui pensais savoir à quoi m'en tenir avec elle... Comment est-ce que j'ai pu me tromper autant que ça?»
   Un exemple d'intervention combinant deux ou plusieurs modes différents serait: ______________________

   ____

   ____

3. Une jeune femme: «Vous êtes vraiment gentille. Quand je suis avec vous, j'ai l'impression que je peux être moi-même... J'ai pas besoin de prétendre que je suis quelqu'un d'autre... et ça, c'est quelque chose de bien précieux.»
   Un exemple d'intervention combinant deux ou plusieurs modes différents serait: ______________________

   ____

   ____

4. Un vieil homme: «Je regarde mes amis mourir l'un après l'autre. Je ne sais pas pourquoi j'ai une aussi bonne santé, quelquefois, je souhaiterais être moins en forme. Je pourrais mourir et puis ce serait fini. Mais non, je continue de vivre. Si ça continue comme ça, il ne me restera plus personne à qui parler.» (Il rit.)
   Un exemple d'intervention combinant deux ou plusieurs modes différents serait: ______________________
   ____
   ____

5. Une jeune personne: «Il vient de m'arriver la chose la plus merveilleuse au monde.»
   Un exemple d'intervention combinant deux ou plusieurs modes différents serait: ______________________
   ____
   ____

Les exercices sur les modes d'intervention complétés, regroupez-vous quelques-uns ensemble et comparez vos réponses. Lorsqu'il y a divergence de point de vue, discutez en profondeur afin de découvrir si l'un ou l'autre n'aurait pas saisi un aspect plus particulier de la question.

Lecture complémentaire

Salomé, J., *Parle-moi, j'ai des choses à te dire,* Montréal, Éditions de l'Homme, 1982.

Note au formateur

Selon les objectifs méthodologiques visés, on peut interchanger les unités I et II. Si l'on opte pour l'ordre II et I, on favorise une approche micrograduée puisque l'apprentissage devient progressif et cumulatif.

L'ordre inverse préconise davantage une approche par l'expérience parce que l'apprentissage est alors basé sur la prise de conscience. En effet, l'apprenant découvre d'abord, en expérimentant les quatre modes d'intervention de l'unité I, la nécessité de bien identifier l'aspect factuel de l'événement. Ensuite, il comprend mieux, grâce à l'unité II, la nécessité de raffiner ses techniques personnelles de décodage.

Le savoir-être

Lorsque vous aurez complété l'unité I, prenez un temps de réflexion et répondez soigneusement aux questions suivantes:

a) Si vous vous référez à la discussion présentée dans la section «Le savoir», quels sont vos critères et votre définition d'une bonne conversation?

____

____

____

b) Sont-ils comparables à ceux présentés dans le tableau I?

____

____

____

c) Acceptez-vous les deux principes énoncés?

____

____

____

d) Si vous avez répondu non aux questions b) ou c), croyez-vous que vous pouvez tirer avantage de ce programme de formation?
Expliquez.

e) Parmi les quatre modes d'intervention, lequel vous est apparu le plus facile et pourquoi?

f) Quel mode vous a semblé le plus difficile et pourquoi?

g) Quel mode avez-vous utilisé le plus?

h) Quel mode avez-vous utilisé le moins?

i) Selon vos observations, quel mode utilise-t-on le plus avec vous?

j) Comparez les quatre modes et, à l'aide de votre expérience, dégagez les différences et les similarités.

___

___

___

k) Indiquez, sur une échelle de dix points, dix étant le maximum, votre degré d'implication dans cette unité.
Thermomètre d'implication
1 2 3 4 5 6 7 8 9 10

l) Maintenant, expliquez ce degré d'implication.

___

___

___

m) À la lumière de l'analyse de votre implication, dégagez un point sur lequel vous voudriez spécialement travailler au cours de la prochaine unité (résolution).

___

___

___

n) Rétroactions du formateur (c.-à-d. commentaires du formateur responsable du programme s'il y a lieu).

___

___

___

___

___

___

___

UNITÉ II

Pratique des techniques de décodage

Le savoir

Dans l'unité précédente, vous avez pratiqué les quatre habiletés de base. Comme la communication est un phénomène très complexe, il en existe d'autres qui sont surtout utilisées par les professionnels de la relation d'aide. Même si elles ne font pas partie de l'approche et qu'elles ne concernent pas directement la pratique de l'entraide, il est quand même intéressant de les connaître. Cela répondra peut-être à certaines questions que vous vous êtes posées à la suite de l'unité I.

Saint-Arnaud[1], un psychologue bien connu dans le domaine de l'interaction sociale, identifie en tout une douzaine d'habiletés d'intervention, si on inclut les quatre

1. Saint-Arnaud, Y., 1974, *La personne humaine*, Montréal, Éditions de l'Homme, 1974; «Les ingrédients de base de la relation interpersonnelle» dans *Revue québécoise de psychologie*, 2 (1), 1977.

décrites dans l'unité I. Il les regroupe en trois catégories, selon le point de vue que l'on adopte de la relation d'aide. Si on considère la *personne aidée,* l'attitude de la personne aidante sera exclusivement empathique, et les habiletés d'intervention privilégiées seront: le silence, la reformulation, le reflet et l'apport d'information. Si on se concentre sur le *problème* de la personne aidée, l'attitude de la personne aidante sera empreinte d'ouverture, de réceptivité, et les interventions utilisées seront rassurantes, exploratoires, analytiques-interprétatives et pourront inclure des conseils-opinions. À ce moment-là, la relation d'aide est centrée sur la résolution du problème. Enfin, la *personne aidante* devient le point de départ quand, par exemple, elle est consultée à titre d'expert. Ses techniques et ses interventions prendront alors la forme de provocations, de questions-enquêtes, d'évaluations et de conseils-directives.

Deux conclusions se dégagent de cela. D'abord, un client peut vivre un problème ou un besoin qui requièrent un type d'intervention plus avancé. Dans ce cas, il est du devoir de l'entraidant, conformément à son code de déontologie, de référer ce client à un professionnel. Ensuite, comme certains autres..., cet entraidant, par la pratique ou une formation supplémentaire, peut développer certaines de ces habiletés pour des problèmes précis et ainsi retarder la nécessité de référer[2]. (Par exemple, l'aide aux suicidaires.) Maintenant que vous avez une idée des habiletés d'intervention de l'entraidant par rapport à celles du profession-

---

2. Plusieurs études sur l'entraide font ressortir, d'une part, la tendance des entraidants à référer un client le plus tard possible et, conséquemment, à s'épuiser (*burnout*); d'autre part, ces études indiquent que si l'entraidant se perfectionne, son agir sera par la suite limité à un champ très restreint d'entraide, par exemple, le suicide.

nel, attardons-nous dans cette unité à étudier les différentes interactions se produisant entre les individus. Si vous avez complété par écrit l'exercice *Pratique des diverses habiletés d'intervention* de l'unité I, vous vous êtes probablement interrogé sur le sens véritable des paroles rapportées, sur les sentiments profonds des individus les ayant prononcées. Peut-être auriez-vous plutôt souhaité entendre dire ces paroles de façon à saisir certains messages liés à la tonalité, à l'intensité et au débit de sa voix. Cela vous aurait permis de mieux comprendre l'individu. Par exemple, d'entendre dire calmement «laisse-moi tranquille» n'a pas du tout la même résonance — le même message — chez le récepteur que de l'entendre dire de façon très agressive avec un coup de poing sur la table.

D'autre part, peut-être vous est-il arrivé de n'avoir eu aucune réaction face à l'une ou l'autre des interventions rapportées dans l'exercice, de vous être senti froid et même d'avoir ressenti de l'antipathie à l'égard de la personne imaginaire ayant prononcé ces phrases. Il se pourrait à ce moment-là que vous ayez réagi, probablement inconsciemment, à des informations provenant de vous-même. Par exemple, un énoncé aurait pu vous rappeler des expériences antérieures, des personnes spécifiques ou encore des aspects de votre personnalité qui vous échappent.

En réalité, il s'agit souvent de réactions de votre part correspondant à des indices non verbaux ou corporels reflétant un contenu affectif intense susceptible d'entraver et même de bloquer l'expression de la congruence, de l'empathie et de la chaleur inconditionnelle. Pour mieux identifier et ensuite contrôler ces interférences, il est nécessaire de décoder adéquatement ces signes (informations ou indices) provenant, soit des personnes avec qui vous réagissez, soit de vous-même.

Quelques classifications des interactions

Lorsque vous découvrez qu'il existe une foule de relations interpersonnelles, il arrive que vous ressentiez un besoin de les regrouper en catégories. Or, plusieurs auteurs ont déjà tenté de répondre à ce besoin.

Parce qu'il existe un nombre incalculable de relations interpersonnelles, les théoriciens et chercheurs tentent de créer des modèles d'explication en regroupant en catégorie des relations ayant des caractéristiques semblables ou identiques. Dans cette partie, je vais vous présenter brièvement deux modèles qui, selon moi, représentent des hypothèses intéressantes. J'ai parfois ajouté à ces modèles des éléments dont on pourrait tirer avantage.

Le premier modèle, celui de Horney[3], concentre en trois actions fondamentales les relations interpersonnelles: attaquer, s'isoler, capituler. Bien sûr, ces trois termes représentent des extrêmes. On peut cependant les traduire en termes plus modérés, s'adaptant mieux à la réalité «quotidienne», et ainsi compléter le modèle de Horney: *s'affirmer, prendre du recul et collaborer.*

Afin de visualiser cette adaptation que j'ai faite de la théorie de Horney, consultez la figure 2. Les trois catégories de Horney constituent les angles du triangle extérieur, donc les relations «limites» dans la relation interpersonnelle. Le triangle intérieur représente ces mêmes catégories, mais adaptées à un langage positif et à une réalité moins agressive. Les angles d'un triangle sont reliés aux angles correspondants de l'autre par un continuum d'actions ou d'attitudes. Par exemple, entre le «capituler» du triangle extérieur et le «collaborer» du triangle intérieur, on pourrait rencontrer l'action de «se conformer».

---

3. Horney, K., *Neurosis and Human Growth,* New York, Norton and Co, 1950.

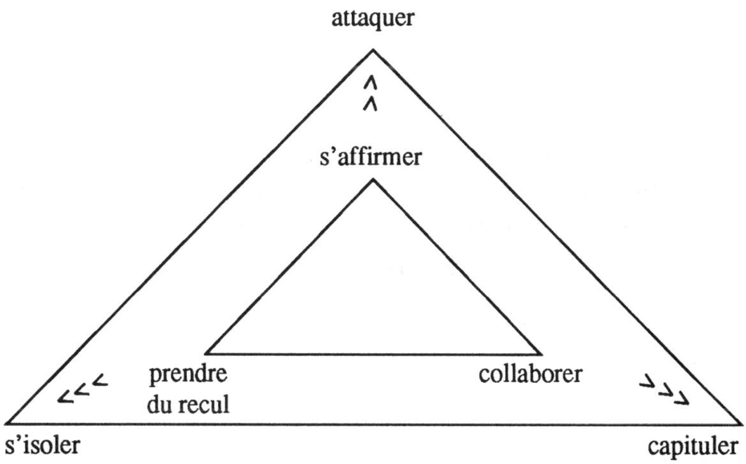

Figure 2. Adaptation du schéma de la théorie de Horney.

Selon Horney, dans nos relations interpersonnelles, on part toujours d'un des angles du triangle pour se déplacer vers un autre. Par exemple, on attaque pour ensuite capituler. Si on ajoute le triangle intérieur et les points intermédiaires des continuums, on multiplie et on complexifie les déplacements probables. On pourrait «attaquer» pour ensuite «se conformer», ou encore «s'isoler» pour ensuite «attaquer».

> L'hypothèse de ce modèle est que plus un individu peut «se déplacer» à l'intérieur de ces triangles, plus il est capable d'adaptation et, par conséquent, susceptible de choisir le comportement idéal dans une situation donnée. À l'inverse, si un individu «se déplace» toujours de la même façon, on pourrait diagnostiquer une rigidité et, par conséquent, des relations interpersonnelles déficientes.

Le cercle de Leary représente aussi un autre modèle descriptif des relations interpersonnelles qui pourrait constituer un raffinement du modèle de Horney. Leary prétend que toutes les relations interpersonnelles peuvent s'orienter vers quatre pôles (la domination, la soumission, l'amour, l'hostilité) et se distribuer selon deux axes, l'un vertical (de domination à la soumission) et l'autre horizontal (de l'hostilité à l'amour). L'axe vertical représente l'effet de complémentarité et l'axe horizontal, l'effet de similarité (voir figure 3).

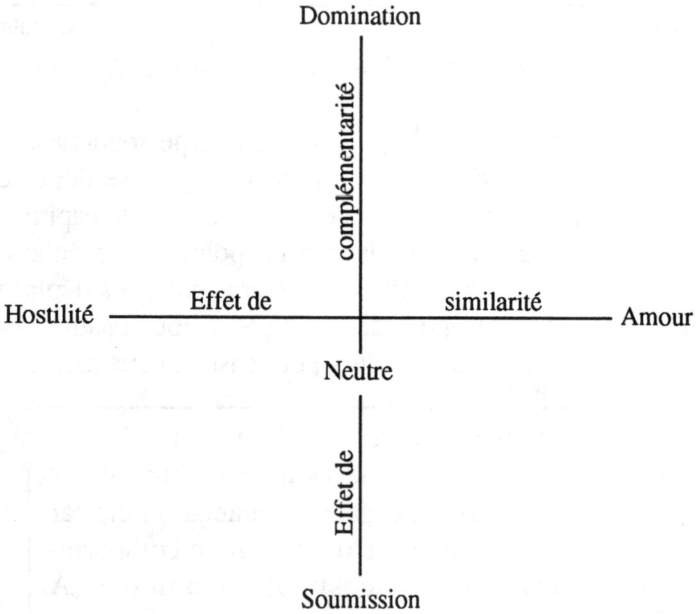

Figure 3. Schéma bidimensionnel de Leary pour classifier les relations interpersonnelles.

À partir de ces dimensions, Leary a développé seize catégories de comportements interpersonnels. Pour le moment, il est inutile de les décrire puisque les travaux de Hould[4] ont permis une synthèse de ces catégories et, par conséquent, une réduction plus efficace en huit catégories ou octants. On appelle alors une catégorie un octant puisque dans le cercle, revu par Hould, celle-là correspond à un huitième de cercle et à un des huit comportements types de la classification.

À l'aide de la figure 4, décrivons d'abord cette classification avant de nous attarder à son fonctionnement. L'illustration est faite de cinq bandes concentriques, dont deux ont la forme d'octogone. À l'intérieur du plus petit cercle, on identifie chacun des octants à l'aide des lettres A, B, C, etc. Dans le premier octogone, on indique l'aspect adaptatif des variables interpersonnelles contenues dans les octants. Par exemple, dans l'octant «A», l'individu s'adapte s'il «organise, planifie, se sent compétent», bref, autant d'attitudes et de comportements propres à la domination. Le deuxième octogone illustre le type de comportements que le réflexe modéré provoque chez l'autre individu dans la relation. Ainsi le réflexe de «domination-organisation» incitera l'autre à adopter un comportement empreint de «respect et d'obéissance». L'avant-dernier cercle représente l'aspect *extrême ou rigide* des réflexes. Pour reprendre l'exemple de l'octant «A», si l'individu utilise le réflexe de «domination-organisation», il sera tenté, à l'extrême, «de commander, de

4. Hould, R., *Test d'évaluation du répertoire des comportements interpersonnels*, Trois-Rivières, département de psychologie de l'UQAT, 1976.

chercher à se faire obéir, d'abuser de son pouvoir et de son autorité». Finalement, et c'est la bande concentrique extérieure, on identifie en les nommant chacun des réflexes de la relation interpersonnelle. Elle servira à la classification ou au diagnostic des différents réflexes au moment de l'analyse d'une situation relationnelle. On aura remarqué que chacun des octants exprime des intensités différentes dans l'expression des réflexes, par exemple, toujours dans l'octant «A», «organise» de l'aspect adaptatif est d'intensité «modérée» tandis que «commande» est d'intensité «extrême».

On se souviendra que plus haut, à la figure 3, on faisait ressortir l'existence de deux axes, l'un horizontal et l'autre vertical. *Plus un comportement se situe près d'un axe, plus il a de chances de n'engendrer chez l'autre que la réaction spécifique à l'axe en question.* Ainsi, la domination suscite toujours la soumission. Par exemple, si deux dominateurs se rencontrent, l'un des deux devra se soumettre. De même, à moins d'être masochiste, personne ne sera *naturellement porté* à aimer celui qui lui exprime de l'hostilité. Au contraire, il développera de l'hostilité à son tour, donc un comportement similaire.

Le postulat sous-tendant ce modèle préconise que tout comportement se situant entre l'axe vertical et l'axe horizontal entraîne deux effets possibles chez l'autre: un effet de *complémentarité,* quand un comportement X amène chez l'autre un comportement contraire (l'EXPLOITATION suscite la DOCILITÉ), ou un effet de *similarité,* quand le même comportement amène chez l'autre un comportement semblable (l'EXPLOITATION provoque l'EXPLOITATION).

Maintenant, comment fonctionne ce cercle? Il faut l'utiliser en gardant en tête le schéma de la figure 3, c'est-à-dire qu'un comportement peut provoquer, comme on vient de le dire, soit l'effet de *complémentarité,* soit l'effet de *similarité.*

L'effet de complémentarité peut avoir différents degrés. Par exemple, les effets de complémentarité des octants A, B ou C se trouvent à l'opposé dans le cercle: la *domination* provoquera chez l'autre l'*effacement;* l'*exploitation,* la *docilité,* l'*hyperconformisme,* etc. Il s'agit de complémentarité extrême et même de défensive. En revanche, pour les mêmes octants, on identifie un degré de complémentarité plus nuancé et plus sain qui se retrouve sur le deuxième octogone, à l'intérieur de chacun des octants: la *domination* provoque le *respect* et l'*obéissance;* l'*exploitation,* la *méfiance* et l'*infériorité;* l'*hostilité,* la *résistance hostile;* etc.

> Les relations interpersonnelles d'un individu deviennent plus fonctionnelles lorsqu'elles proviennent de l'ensemble des octants. La relation d'aide, quant à elle, devient efficace lorsque l'aidant possède une brochette de réponses ou d'interventions couvrant l'aire du cercle avec un minimum de familiarité à chacun des octants.

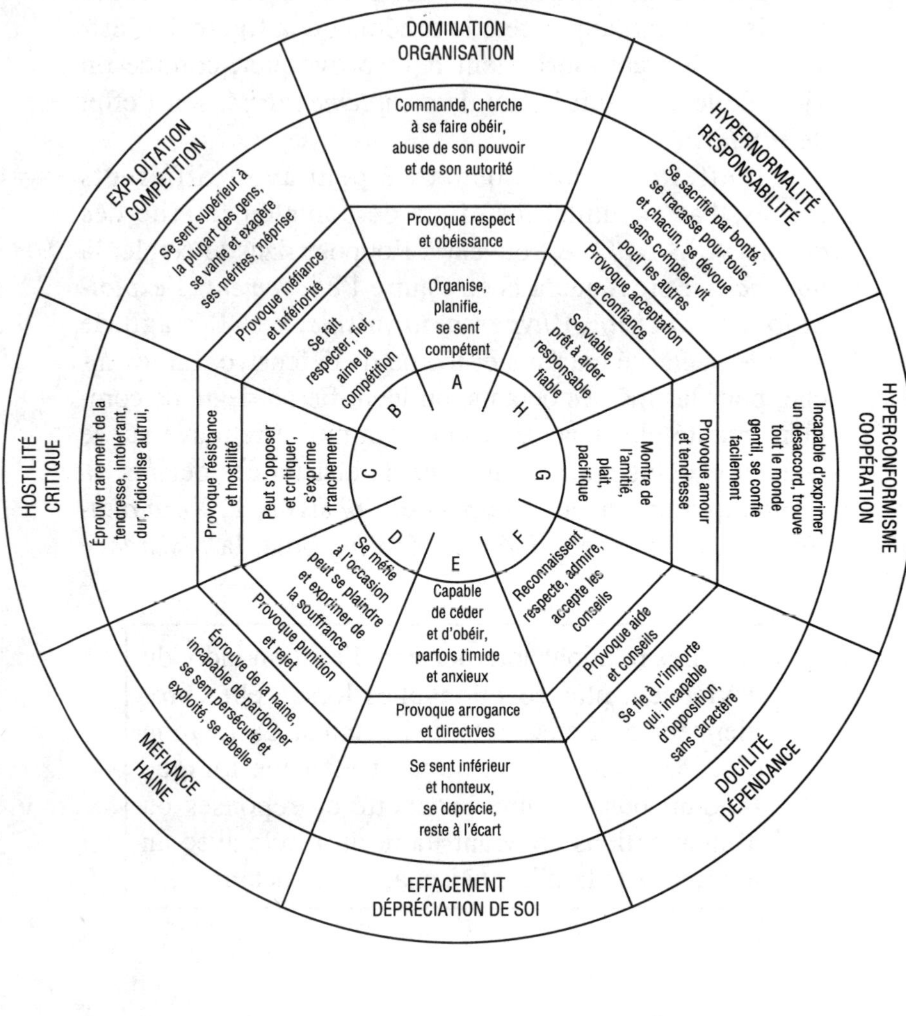

Figure 4. Circomplex de Leary, révisé par Hould.
Reproduit ici avec la permission de l'adaptateur.

Le savoir-faire

Buts

Cette unité vise à vous aider à devenir plus sensible aux préoccupations d'autrui. Si vous désirez aider une autre personne à dépister ses propres messages voilés, ses sentiments ou ses états d'âme, vous devez d'abord expérimenter l'identification de ceux-ci chez vous-même et ensuite chez elle. *Cette première étape consiste d'abord à nommer un éventail de sentiments que l'on retrouve autant chez soi que chez l'autre.* Vous posséderez ainsi un vocabulaire de base couvrant l'étendue des sentiments et la complexité des caractéristiques des émotions de type viscéral. En somme, vous apprendrez à vous situer par rapport aux classifications précédentes.

Ensuite, vous aurez à surmonter vos propres résistances à vous engager dans une relation d'aide intime et significative avec d'autres personnes. Cela suppose que vous appreniez à vous sentir moins menacé par certaines situations interpersonnelles habituellement stressante pour vous. Ainsi, vous contrôlerez mieux certaines peurs interpersonnelles.

Méthode

C'est à l'aide de vignettes ou de segments audiovisuels de conversations tirées du film *Stimulinteraction* que vous apprendrez à mieux identifier vos sentiments face à ceux des autres et à affronter certaines situations qui, normalement, vous paralysent dans la relation humaine. En somme, en travaillant sur ces vignettes, vous décoderez mieux l'information interpersonnelle provenant des autres et de vous-même.

En visionnant une vignette du film, *imaginez que la personne vous parle personnellement.* Limitez votre analyse à cette *seule* vignette sans chercher à créer un contexte. Le formateur vous donnera, avant la présentation de chacune des vignettes, une consigne inspirée d'une liste que vous trouverez dans la prochaine section de ce chapitre. Il vous suffit de visionner la vignette et de la traiter en respectant la consigne. *Les premiers segments de conversation qui vous seront présentés illustrent des situations extrêmes.* Ne craignez rien, cela est destiné à vous faciliter la tâche sur le plan des consignes. Après quelques essais, vous serez en mesure d'analyser avec plus de raffinement des vignettes plus nuancées. Il est crucial de faire cet exercice en groupe afin de comparer vos points de vue.

Consignes

Voici une liste de consignes. Elles furent regroupées en trois catégories qui seront définies plus loin. Comme elles sont progressives, il est préférable de les utiliser dans l'ordre.

Catégorie A

— Reformulez en vos propres mots ce que la personne de la vignette vous dira.

— Qu'est-ce que cette personne essaie vraiment de vous dire?

— Est-ce que cette personne vous dit quelque chose autrement que par des mots?

— Selon votre perception, comment cette personne se sent-elle?

— Reformulez à votre voisin ce que cette personne vient de vous dire.

— Est-ce que l'aspect «non verbal» de sa communication correspond vraiment à l'aspect «verbal»?
— Si vous utilisez le film, écoutez d'abord la voix les yeux fermés et ensuite reprenez la vignette, mais sans la voix cette fois-ci. Est-ce que la voix et l'image vont bien ensemble?
— Qu'est-ce que cette personne attend de vous?
— Qu'est-ce qui peut lui faire croire qu'elle peut vous parler ainsi?
— Où situez-vous, dans les octants de Leary, le comportement illustré par la vignette?
— Quels sont les indices qui vous amènent à faire ce choix?

Catégorie B

— Comment réagissez-vous face à cette personne?
— Réagissez-vous positivement ou négativement à cette personne?
— Comment vous sentez-vous face à elle?
— Si vous utilisez le film, à quoi pensez-vous lorsque cette personne vous parle?
— Pourquoi vous fait-elle réagir ainsi?
— Quelle image ou fantaisie associez-vous à cette personne?
— Partagez avec un partenaire vos sentiments par rapport à la personne sur l'écran.
— Dites au voisin d'en avant ce que vous avez le goût de répondre à cette personne.
— Partagez ce que vous ressentez face à la situation que voici: imaginez que la personne que nous allons voir est votre patron.
— Comment vous sentez-vous?

— Qu'est-ce qui se passe dans votre corps lorsque cette personne vous parle?
— Dans le cas où vous n'auriez jamais vécu une situation semblable, avez-vous déjà ressenti que quelqu'un voulait vous dire quelque chose d'identique?
— Quand vous voyez cette vignette, où vous situez-vous dans les octants de Leary? Partagez avec un partenaire les raisons de ce choix.
— En vous référant au triangle inspiré de Horney (fig. 2), dégagez votre déplacement entre les angles face à ce type de vignettes.

Catégorie C

— Qu'est-ce que vous avez pensé qu'elle voulait que vous fassiez?
— Qu'est-ce que vous avez pensé qu'elle voulait que vous ressentiez?
— Qu'est-ce qui lui faisait croire qu'elle pouvait vous parler de cette façon?
— Qu'est-ce que vous feriez probablement face à cette personne?
— Qu'est-ce que vous voudriez vraiment faire?
— Quelle réponse pourriez-vous faire qui permettrait à cette personne de s'ouvrir et de communiquer?
— Quelle réponse pourriez-vous faire qui permettrait à cette personne de se sentir acceptée?
— Quelle intervention de votre part vous permettrait de vous rapprocher de cette personne?

Ces questions sont loin d'être conçues uniquement pour le film. Vous pouvez les utiliser avec d'autres personnes lorsque vous essayez de les écouter attentivement, ou bien vous les poser à vous-même au cours de vos interactions avec les autres.

Songez aux inquiétudes que vous avez parfois dans diverses situations interpersonnelles. Quel genre de stress particulier prévoyez-vous ressentir dans le futur? Pouvez-vous partager ces inquiétudes avec d'autres personnes qui suivent ce cours?

Avant de terminer cet exercice, revenez à des situations passées de relations interpersonnelles qui vous ont marqué d'une façon ou d'une autre. Songez aux sentiments, aux inquiétudes que vous avez ressentis à ces moments-là. Vous vivrez plusieurs situations du même type encore. Quel genre de stress particulier prévoyez-vous ressentir dans le futur face à celles-ci? Pouvez-vous partager ces inquiétudes avec d'autres personnes qui suivent cette formation?

Transcription du film *STIMULINTERACTION*

(Première partie) À la suite du générique

Homme: Laisse-moi tranquille! Arrête de me donner des ordres constamment. Laisse-moi seul!

Femme: Je ne comprends pas pourquoi. Je ne comprends pas pourquoi tu as fait cela. Je ne savais vraiment pas que tu te sentais si mal. Je ne comprends pas pourquoi. Mais pourquoi as-tu fait cela?

Femme: Ouf! Qu'est-ce qu'il y a? Allez, dis-le... As-tu peur de le dire? Je parie que tu es incapable de me le dire directement, en me regardant dans les yeux, tu es trop peureux pour en être capable.

Femme: Toujours la même histoire, toujours la même chanson. Tu veux m'aider, mais moi, je veux vivre ma vie, je n'ai pas besoin d'aide... Tu passes ton temps à dire que j'ai besoin d'aide... Mais moi, je veux vivre ma vie, comprends-tu? Si jamais j'ai besoin d'aide, je te préviendrai. Pour le moment, laisse-moi en paix!

Femme: Je te déteste, je te hais parce que tu te fais des idées sur mon compte. Tu ne dis rien, mais je sais très bien que tu penses toutes sortes de choses pour moi. Je te hais!

Homme: Oui... vous m'avez laissé tomber. Je croyais que je valais plus que ça... Vous m'avez vraiment laissé tomber!

Femme: (Rires.) Tu es tout simplement fantastique, fantastique!

Homme: (Rires.) C'est très difficile à dire, mais... tu as mauvaise haleine.

Femme: Qu'est-ce qu'il y a? Je t'ai blessé? Bon, c'est cela, tu es fâché... Je ne suis bonne qu'à faire fâcher tout le monde moi... Tout le monde se fâche contre moi... Je ne suis bonne qu'à faire fâcher les autres!

Homme: Moi, je me dis que si tu avais su quoi faire de ta peau, tu ne serais jamais devenu professeur.

Homme: Vraiment, tu es allé trop loin! Est-ce que c'est une façon d'agir avec le monde? Pourquoi as-tu fait cela? Tu n'es qu'un peureux de la pire espèce, sors d'ici... sors!

Homme: Tu sais, comme personne... je te trouve bien, mais comme professeur... il faut que je te dise... il y a quelque chose qui se passe... Tous les autres professeurs, eux ils sourient, mais toi, tu n'es pas comme eux... c'est trop simpliste. Par exemple, quand tu arrives chez toi le soir pour souper, je suis sûr que tu ne dirais pas à ta femme: «Ah! cet étudiant-là est très bien, c'est vraiment un bon élève. Pourquoi ne l'inviterions-nous pas à souper un de ces jours?» Je suis sûr que tu dois plutôt lui dire: «Ah! ces élèves, je les déteste!» Tu ne montres qu'une façade de toi-même, qu'un côté de toi-même, tu es un visage à deux faces...

Femme: Je n'ai pas de crayon. (Elle brise le crayon... et le laisse tomber.)

Femme: Ah! vraiment, ça me désespère! Dis-le donc ce que tu penses de moi... dis-le donc! Tu es sans cœur... tu n'as pas de cœur au ventre! Tu es là, tu me cours après, tu me suces comme une vraie sangsue! Ça me rend malade... Je te déteste... Tu me rends malade... Ôte-toi de ma vue, ôte-toi et va te faire pendre... et puis laisse-moi en paix!

Homme: (Ici, une personne se frotte le front, la joue... et regarde le plafond.)

Homme: (Une personne regarde en face de lui... étire de sa bouche de la gomme à mâcher... se frotte la joue... se recule sur sa chaise, l'air ennuyé.)

Homme: Salut, tu te souviens de moi?

Homme: Salut, tu te souviens de moi?

Femme: Salut, tu te souviens de moi?

Homme: Je ne comprends rien... Je ne sais que faire. Il me semble qu'il faudrait que je te fasse faire tellement de choses pour que tu me ressembles juste un petit peu... Je ne comprends pas...

Habituellement, ça ne prend pas autant de temps qu'avec toi pour rendre quelqu'un comme moi... Mais maintenant, c'est difficile; avec toi, c'est difficile, plus qu'avec les autres.

Homme: J'aimerais beaucoup que tu te sentes parfaitement à l'aise pour me dire tout ce que tu considères comme important. Je suis très objectif et je pense que je peux t'aider... Mais je ne peux pas te rendre service si... si toi, tu ne t'aides pas.

Femme: Je pense que j'ai tout gâché, n'est-ce pas? Peut-être suis-je... je pense que je suis méchante quelquefois. Ah! je n'ai... je n'ai jamais eu de problèmes... je n'ai jamais rien fait. Je voudrais juste être ton amie. Pourquoi ne ferais-tu pas un bout de chemin avec moi? Pourquoi ne voudrais-tu pas me faire sentir que tu veux être mon ami toi aussi? Je t'aime beaucoup. Je pense que j'ai besoin de toi. Ne me laisse pas tomber.

Homme: J'ai fait ce que je pensais que tu voulais de moi. J'ai même essayé de changer parce que je pensais que c'était comme cela que tu me voulais. Maintenant, je reviens pour voir ce qui ne va pas... je ne sais plus ce que je dois faire maintenant. Si je peux être comme tu veux... puis si tu m'aimes, je ne le sais plus.»

Femme: Tu as... Tu as vraiment toute une allure...

Homme: Tu m'as frappé, salaud... Tu m'as frappé! Eh bien maintenant, tu vas payer... je vais te traîner en cour s'il le faut, je vais te ruiner jusqu'au dernier cent. Je te jure que tu vas me le payer, je te le jure, tu m'entends? Tu n'es qu'un salaud! Tu vas le payer!

Homme: Aïe! Ça fait longtemps que je t'écoute et tes idées... je ne les aime pas du tout... pas une minute! Pour dire vrai, tu me fâches beaucoup... C'est du monde comme toi qui cause des problèmes à du monde comme nous! Si je n'avais pas autant de respect pour la vie, je sauterais par-dessus la table et je te mettrais mon poing sur la figure... En autant que ça me concerne... tes idées et tes arguments, tu peux les garder pour toi... Est-ce assez clair?

Homme: Bon d'accord! Peut-être que le groupe d'écervelés avec qui tu te tiens te trouve drôle, mais pas moi... Non, calme tes nerfs, calme tes nerfs... Et puis maintenant, écoute-moi, j'ai quelque chose à te dire... Tu es assez écervelé que tu n'es même pas capable de rester assis deux minutes pour prendre quelques grains d'information... Tu es assez écervelé que tu n'es même pas assez intelligent pour rester assis deux petites minutes et puis te conduire comme un être normal... J'en ai assez de toi, comprends-tu maintenant, parce que moi je sais, je sais que tu n'es qu'un écervelé... tu es écervelé et puis niais! Le petit groupe de bouffons qui se tient autour de toi, tu es peut-être capable de les enguirlander avec tes belles paroles, mais pas moi... Non, tu ne m'en feras pas accroire à moi, ce n'est pas vrai... Maintenant, arrête tes sottises, O.K.?

Homme: «Je suis très désolé... C'est fini... Je n'en peux plus... Va-t'en!»

Femme: Je te hais, je te hais parce que tu te fais des idées sur mon compte... Ah! tu ne dis rien, mais je sais très bien ce que tu penses au fond de toi... Je te hais!

Femme: Tout est de ta faute... Je n'ai rien fait moi... Rien fait... C'est entièrement de ta faute.

Femme: Oui, ça ne manque pas d'intérêt, mais quand même... on ne s'attire pas l'un l'autre, c'est tout! Oui, c'est cela, on ne s'attire pas l'un l'autre... C'est ce que je voulais te dire, c'est que... tu m'es antipathique, comprends-tu?... Tu m'es antipathique... Bon, je vois que tu ne comprends pas... Je te déteste... Tu me rends malade, comprends-tu cela?

Homme: Bon, c'est bien ça... Tu es encore là à me parler, puis moi je suis là à t'écouter comme un imbécile... Tu parles pour ne rien dire... Que veux-tu que je fasse... Que je me mette à pleurer? Tu ne sais même pas, toi-même, ce que tu veux que je fasse. Et puis tes histoires, ça ne me fait pas un pli, et puis tu penses que c'est ça qui va faire que je vais t'aimer plus... Pour moi, ce n'est pas très compliqué... tu n'existes même plus!

Homme: Qu'est-ce que c'est ton problème au juste? Vide-le, ton sac! Toi et moi, on n'a rien en commun... Pourquoi restes-tu ici? On ne communique pas tous les deux...

Homme: (Une personne amusée, se balançant sur une chaise, porte la main à sa bouche pour dissimuler un sourire moqueur.)

Homme: Tu sais, ça ne m'arrive pas souvent d'avoir à dire des choses comme celles-là à quelqu'un... mais là, je trouve que... Tu m'énerves, et puis franchement, je ne t'aime pas... On en reparle maintenant. Puis ce n'est rien de personnel... Je ne suis même plus capable de te sentir... En tout cas, j'aime mieux ne plus te voir du tout... Franchement, tu me fatigues...

Femme: Mon père a dit que... si ça se reproduisait, il viendrait voir le directeur... Je pense que je vais lui dire de venir.

(Deuxième partie)

Homme: Tu sais, je crois encore à mon pays. J'aimerais que tu te rappelles que, quoi que tu penses, les bonnes vieilles vertus d'honnêteté puis de camaraderie sont encore valables aujourd'hui!

Femme: Je m'excuse, je ne voudrais pas être méchante mais... mais ne me regarde pas, ça... ça ne m'intéresse pas puis, eh... Je ne sais vraiment pas comment je pourrais t'aider... Je regrette beaucoup, mais ça, c'est quelque chose que je peux pas supporter.

Femme: Voyons, ne te gêne pas... tu es... tu es si aimable... si bon... puis je t'aime tant aussi.

Homme: Je suis différent parce que je veux être différent! Je ne veux ressembler à personne... Et puis je ne veux pas que quiconque me ressemble... Je ne veux qu'être différent!

Homme: Je ne voulais pas dire cela. Ce que je veux dire... ça me touche beaucoup... c'est que ça me rend triste... que tu te sentes comme cela. Je t'en supplie, ne fais pas cela... O.K.? Eh... Je ne peux pas t'expliquer cela maintenant, la seule chose que je peux te dire, c'est que je veux pas que tu prennes cela de cette façon. Y a-t-il quelque chose que je puisse faire pour toi?

Homme: Vous pensez que je suis fou, n'est-ce pas? Vous pensez que je suis fou, c'est ça... Eh bien, je ne suis pas fou, je ne suis pas fou bon, je ne suis pas fou!

Homme: Oui, c'est bien dit... mais... ne penses-tu pas qu'il y aurait lieu de repenser quand même à certains petits détails? de repenser à la formulation... à la façon dont tu exprimes les choses? Il me semble que... tout ça laisse un peu à désirer. C'est bien, mais il y aurait lieu quand même de... repenser, ré-écrire peut-être... vois-tu?

Femme: Bien oui... eh... on a besoin de monde... pour être franc, on manque un peu de monde présentement, et puis, si tu pouvais nous aider... Tu nous ferais vraiment plaisir... enfin... si tu veux bien tranvailler avec nous... eh... évidemment... eh... je veux dire que si tu es trop occupé, on peut laisser tomber, mais... on a vraiment besoin de monde... en... en tout cas, essaie... Viens te joindre à nous, puis on verra si on peut travailler ensemble.

Homme: Je t'aime bien, mais pas de cette façon-là...

Femme: Petit salaud, tu devrais avoir honte!

Homme: (Un personnage tendu gratte avec son stylo sur la table.)

Homme: (Un personnage énervé soupire de rage... frappe nerveusement la table de ses doigts.)

Homme: (Un homme tient dans sa main un aérosol... Il le regarde... et furieusement pulvérise le liquide devant lui.)

Homme: Eh... je ne sais pas... Je ne comprends pas ce que tu me dis... eh... non... ça me fait quelque chose puis... je... je ne sais pas ce que tu veux dire exactement... Si tu veux... eh... n'exige pas que je te donne une réponse immédiatement... Il faut absolument que je réfléchisse... Ça m'embarrasse vraiment ce que tu me dis là... laisse-moi du temps encore. O.K.?

Homme: Tu sais... eh... je ne voulais pas aller... eh... si loin que ça avec toi... je ne pensais pas que tu prendrais ça de cette façon... Je voulais juste... eh... Tu sais, je te considère quand même comme un chic... un chic type... C'est peut-être moi qui ai eu tort, mais tu sais... eh... ça n'arrive pas souvent que j'aie tort... Si tu veux, oublions ça, O.K.?

Femme: J'ai envie de toi.

Femme: Je pense que je ne comprends plus ce qui se passe... ça allait si bien entre nous avant... Je ne sais pas au juste ce que tu essaies de me dire! Ouf! je pense que je m'en doute, mais... mais je ne peux pas voir ce que j'ai fait de mal! Tout allait si bien avant, tu sais, j'aimerais bien être courageuse et puis m'en aller, mais je ne peux pas mettre de côté tout ce qui nous unissait... Je voudrais bien pouvoir t'en dire plus, mais... mes sentiments sont toujours les mêmes, puis toi tu ne veux pas me dire pourquoi les tiens ont changé... Si tu me disais ce qui ne va pas? Mais tu es tellement fermé... Peut-être pourrait-on s'asseoir puis en discuter? régler le malentendu? À ce moment-là, ça recommencerait peut-être! Parce que tu sais... si tu me quittes, je ne sais pas ce que je vais devenir... Tu es tout ce que j'ai.

Femme: Qu'est-ce que j'ai fait encore? Pourquoi ne vous occupez-vous jamais de moi? Je sais, dans le passé, tout n'a pas toujours bien fonctionné... mais maintenant, croyez-moi, ça va aller beaucoup mieux.

Homme: Tu vas l'avoir! Tu vas l'avoir! Tu vas l'avoir! Je te le dis... tu vas l'avoir en plein visage!

Homme: Tu passes ton temps à m'ennuyer... Tu me hais... Tu m'as haï toute l'année... Tu me retiens après les cours pour des choses insignifiantes... Tu ne fais que m'engueuler et puis après, vous les profs, vous dites que vous n'avez pas de préjugés... Vous en avez toujours eu des préjugés envers nous autres... Vous êtes des humains.

Homme: Es-tu fou?... Je ne suis pas intéressé à savoir ce que tu penses. C'est même pas vrai. Où as-tu pris ces affaires-là? Ce n'est même pas vrai, ce n'est pas vrai du tout. En tout cas, moi je ne ferai pas ces affaires-là. Qui est-ce que je suis d'après toi? N'es-tu pas un peu fou? Qu'est-ce qui ne va pas chez toi?

Femme: Tu n'es qu'un salaud... Tu n'es qu'un salaud de la pire espèce!

Femme: Mon espèce d'entêté. (Rires)

Femme: Je ne pense pas que tu doives continuer comme ça... Je n'aime pas tellement tes sentiments envers moi... Et puis, si tu veux qu'on demeure des amis, j'espère que tu vas laisser tout ça.

Femme: Ah, je... je te désire de... depuis si longtemps... Je veux être avec toi... mais je ne sais pas comment te le dire. Habituellement, je ne cours pas après les gens… mais quand je suis avec toi… ah! je… je m'enflamme… ah! c'est… c'est irréel… Et puis si tu ne viens pas ici immédiatement pour m'embrasser, je sens que je vais devenir folle!

Homme: Toi, avoue-le, avoue-le que tu me désires!

Homme: Aïe! attends une minute… eh… je m'excuse… eh… je n'avais pas réalisé… eh… Ce n'est pas ce que je voulais faire… Bien, je m'excuse… Ce n'est pas une farce, je m'excuse réellement.

Femme: Je sais pourquoi tu m'as fait venir ici.

Homme: Non, mais franchement… es-tu vraiment sérieux? Moi, je vais te dire franchement… je ne m'embarque pas dans ton idée… Écoute, tout de même… moi, je vais te dire franchement, je pense que tu as tort… mais eh… peut-être as-tu raison aussi… mais, pour le moment, je pense que… tu aurais avantage à… repenser à ton idée… et puis, penses-y sérieusement parce que franchement… eh… Les gens ne s'embarqueront pas, j'en suis à peu près sûr… donc… penses-y donc un peu. Qu'est-ce que tu en penses?

Homme: (Rires) Hi, ce que tu es drôle! Ah! mais tout de même, tu devrais te regarder assis là, là… (Rires)… non mais, tu te prends au sérieux, n'est-ce pas? Pas vrai?… (Rires)

Femme: Tu me rends nerveuse… Je ne sais pas ce que je dois dire… peut-être que si tu t'assoyais ici un… petit peu puis… et puis si tu me parlais d'autre chose… je… je ne sais pas comment te le dire… mais parle, dis quelque chose!

Femme: Et puis, tu te prends pour un amant… Et puis en plus, tu te prends pour un amant.

Note au formateur sur l'utilisation du film

Ce film est composé *uniquement* de vignettes, c'est-à-dire d'extraits de relations interpersonnelles où *ne figure que l'intervention de l'émetteur.* **L'objectif de chacune des vignettes est d'offrir au spectateur l'occasion de jouer le rôle du récepteur.** Ce dernier devient alors, avec toute sa subjectivité, l'autre personne impliquée dans la relation.

C'est d'ailleurs dans ce but qu'on a retenu la formule du film couleur 16 mm. En effet, plusieurs études, dont celles réalisées par l'équipe de Kagan[5], démontrent que c'est le médium le plus efficace pour *stimuler* et *simuler* des relations interpersonnelles. C'est encore plus vrai si les personnages ont des teintes réelles et apparaissent à l'écran, légèrement plus grands que le spectateur, pour neutraliser les effets réductifs de la perspective. Enfin, un autre avantage réside dans le fait que ce médium peut être utilisé en grand groupe.

Le contenu des extraits de relations interpersonnelles illustre les huit mécanismes ou réflexes décrits dans le cercle de la figure 4: domination-organisation, hyperresponsabilité-responsabilité, hyperconformisme-coopération, docilité-dépendance, efficacité-dépréciation de soi, méfiance-haine, hostilité-critique, exploration-compétition.

Ce film *ne doit pas être visionné d'un seul trait* pour deux raisons principales. D'abord, il n'est efficace que dans la mesure où on l'utilise comme instrument de travail. Cela implique *que chacune des vignettes doit être présentée de façon indépendante et être précédée des consignes précises,* choisies par l'animateur. C'est à cette seule condition que les vignettes pourront avoir un impact formateur ou éducatif. De

5. Certaines parties de ce chapitre furent inspirées du livre de Kagan, N., *Interpersonal Process Recall: A Method of Influencing Human Interaction,* East Lansing, Michigan State University, 1976.

plus, et c'est la deuxième raison, si cette méthodologie n'est pas scrupuleusement suivie, le film pourrait avoir un effet néfaste. En effet, *il pourrait augmenter le niveau d'anxiété des spectateurs* à cause de la force de certaines séquences et de la réaction de culpabilité qu'il pourrait engendrer chez eux.

L'efficacité du film est liée aussi, vous l'avez sûrement senti, au rôle et à l'approche du formateur. Il se pourrait même, dans plusieurs cas, que l'amélioration des sujets soit principalement due à la compétence dont il fera preuve face à l'instrument. Il devra, par exemple, être conscient et, ensuite, être capable de faire prendre conscience aux «spectateurs» des différents processus de relation interpersonnelle évoqués par les vignettes. De plus, il devra posséder les qualités qu'il veut faire acquérir aux participants et les mettre en pratique dans la session de formation. En termes rogériens, il devra être empathique, congruent et chaleureux. Et pour vous donner un avant-goût de l'unité III, il devra être un bon investigateur.

Si l'on voulait schématiser les résultats qu'on a observés lors de l'utilisation du film *Stimulinteraction* on obtiendrait à peu près ceci:

— vignettes seulement = anxiété, amplification du réflexe défensif;
— vignettes et consignes = connaissances techniques, mais aucun effet durable au point de vue du changement du comportement d'aide;
— vignettes, consignes et relation d'aide compétente = amélioration des relations interpersonnelles, modification du comportement d'aide, formation avec effet durable.

En effectuant en groupe l'exercice de l'unité II, vous avez l'occasion, avec le film, de faire vivre une expérience commune susceptible de favoriser des échanges fructueux et, par conséquent, d'améliorer la qualité de vos relations interpersonnelles dans le groupe. Comme le film présente des stimuli forts, il permet d'activer la démarche de quelqu'un sans aller toutefois dans les excès de l'hypercroissance ou l'hypersensibilisation[6].

La méthodologie accompagnant ce film vise à stimuler différents types d'interactions chez les «visionnants» et à aider ceux-ci, à l'aide de consignes, à explorer, évaluer et améliorer leurs relations interpersonnelles. Par la même occasion, ils prennent conscience des qualités qui favorisent les bonnes relations: l'empathie, la congruence et la chaleur. Aussi, très souvent, de meilleures relations s'établissent-elles à l'intérieur du groupe de travail à ce moment précis.

Toute analyse d'une vignette ou des réactions qu'elle provoque peut se faire à trois niveaux. D'abord *reconnaître le plus de faits observables possibles,* ce qui a été dit versus ce qui n'a pas été dit, ce qui a été fait versus ce qui n'a pas été fait; ensuite, *avouer* et *confronter l'interprétation cognitive* de ces faits; et enfin, *dévoiler les réactions affectives* suscitées par cette vignette.

Voici quelques stratégies méthodologiques susceptibles de faciliter le travail du formateur.

---

6. Limoges, J., «L'éducation d'aujourd'hui, comme la société, à un carrefour» dans *L'orientation professionnelle,* 17 (2), 1981.

a) En utilisant dans l'ordre les consignes des catégories A, B et C (revoir l'unité I), vous favorisez d'abord l'atteinte des qualités de la communication les plus extérieures au sujet, pour ensuite intensifier un mouvement d'introspection. C'est donc l'empathie qu'on stimule en premier, ensuite la chaleur et finalement la congruence. Cela a pour effet d'impliquer progressivement l'apprenant.

b) En vous servant de la théorie des deux premières unités (voir en particulier le schéma de Pace, unité I), décomposez les attitudes ou les qualités du counseling en mini-étapes. Pour ce faire, les consignes classées en catégories (p. 126) peuvent être à cet égard un outil efficace. Ce travail s'effectue toujours en relation avec les vignettes du film.

c) Faites en sorte que les apprenants réagissent et répondent aux sujets des vignettes et qu'ils *communiquent leurs réactions à un partenaire.*

d) Si le groupe s'éloigne d'une consigne, reformulez-la pour être sûr que le groupe a bien compris. Si, par exemple, à la consigne de s'adresser directement au personnage d'une vignette, un apprenant répond quelque chose comme: «J'ai l'impression qu'il m'accuse, mais que lui aussi est dans le tort» ou encore «Il devrait commencer par se regarder», suggérez-lui de dire plutôt: «Toi aussi tu es responsable» ou «Tu es aussi coupable que les autres» ou «Je me sens coupable et j'aime pas ça», etc.

e) Si le groupe est réticent à participer ou est autodéfensif face aux consignes, suggérez-lui d'adopter d'abord les réactions extrêmes qui vont dans le sens de son système de défense. Par exemple, aux vignettes chargées d'agressivité, demandez aux apprenants de répondre de façon agressive. Cela aura probablement pour effet de faire tomber la gêne et de réchauffer l'atmosphère. Par la suite, dans les vignettes subséquentes, ou même à partir des mêmes vignettes, vous inciterez le groupe à revenir aux notions apprises de la relation d'aide.

f) Dans le but de présenter le plus grand nombre de réponses d'aide possible, faites partager en grand groupe ce que les individus ou les petits groupes auront trouvé, sans évaluer aucune des suggestions. Quand toutes les suggestions auront été apportées après un certain laps de temps, vous pouvez demander aux apprenants de relever les idées qui leur semblaient les plus appropriées à aider le personnage de la vignette à se calmer, à avoir confiance, à se sentir bien, à s'ouvrir un peu, etc.

g) Si vous constatez qu'une bonne dynamique s'installe dans le groupe, que les participants s'autodévoilent et partagent leur vécu, par exemple, vous pouvez prolonger les effets d'une vignette. Vous demandez à chacun des participants de partager sa réaction face à la réponse des autres aux personnages du film.

h) Enfin, et cela peut constituer un retour à la théorie, faites dégager, à partir de l'expérience de cet exercice, les caractéristiques d'une bonne relation d'aide[7].

---

7. Le vidéogramme *Stimulinteraction: Mise en application* démontre l'utilisation du matériel de stimulation, tel ce film et le vidéogramme *Stimulinteraction en soins infirmiers.*

Le savoir-être

Réfléchissez sur l'ensemble de vos réactions aux vignettes et répondez aux questions suivantes:

a) À quelles vignettes avez-vous eu le plus de facilité à décoder l'information provenant du personnage? Pourquoi?

____

____

____

b) Lesquelles vous ont posé le plus de difficultés? Pourquoi?

____

____

____

c) Maintenant, lesquelles ont eu des effets intenses sur vous?

____

____

____

d) Quels sont ces effets?

____

____

____

e) Si vous observez les trois catégories de consignes utilisées, elles correspondent aux trois volets de la réponse donnée à la question b) dans l'unité I. Conséquemment, elles correspondent aux trois ingrédients de base en counseling: la première catégorie (a) se rapporte à l'empathie, la seconde (b) à la congruence et la troisième (c) au climat. On passe donc de l'ingrédient le moins impliquant *personnellement* au plus impliquant. À quelle catégorie de consignes avez-vous eu le plus de difficultés à répondre?

____

____

____

f) Si vous vous référez maintenant au modèle de comportements inspiré de Horney, décrivez votre style par rapport aux vignettes en précisant votre «angle» de départ et, ensuite, la tendance de votre mouvement à l'intérieur du triangle.

____

____

____

g) Utilisant maintenant le cercle de Leary, remémorez-vous certaines vignettes étudiées. Dans chacun des cas, où se situe «l'émetteur» des vignettes par rapport à ce cercle? Où vous situez-vous par rapport à cet «émetteur»? Si vous considérez un certain nombre de vos réactions, ont-elles tendance à se situer surtout dans les mêmes octants? Lesquels? Selon quel aspect: extrême ou adapté?

____

____

____

____

h) Par contraste, quels sont les *octants* où vous ne vous situez jamais ou très rarement? Pourquoi? Qu'est-ce que cela impliquerait si vous décidiez de les utiliser?

____

____

____

i) Thermomètre d'implication:
1 2 3 4 5 6 7 8 9 10

j) Raisons(s) de ce degré d'implication.

____

____

____

k) Résolution pour la prochaine unité.

____

____

____

Rétroaction du formateur:

____

____

____

____

____

____

____

____

____

UNITÉ III

Pratique du rôle d'investigateur

Le savoir

Moreno[1], et plus récemment Selman[2], ont étudié en profondeur la dynamique propre aux relations interpersonnelles. À la suite de plusieurs travaux, le premier tira la conclusion que le «psychodrame» ou le «jeu de rôles» arrive à reproduire de façon assez réaliste les conditions particulières, surtout affectives, d'une relation donnée. L'exercice de l'unité II vous a permis de jouer certains rôles dans des relations interpersonnelles fictives. Peut-être avez-vous ressenti, à quelques reprises, certaines émotions face à l'une ou l'autre des vignettes. C'est qu'au fond, et cela confirme les affirmations de Moreno, vous avez reconnu, peut-être

1. Moreno, Z, *Psychodrame d'enfants*, Paris, Epi, 1973.
2. Selman dans Limoges, J. et Hébert, R., *Développement en tête*, Sherbrooke, Les éditions CRP, Université de Sherbrooke, faculté d'éducation, 1988.

dans votre inconscient, des situations qui vous sont familières. Le «psychodrame» ou le «jeu de rôles» peut remplir une fonction importante dans la compréhension et le développement des relations interpersonnelles.

Selman, pour sa part, a découvert que les relations interpersonnelles sont fondées sur une structure du développement. De la même façon qu'il y a une structure de développement de l'intelligence et du moi[3] et du raisonnement moral (Kohlberg), il y aurait une structure fonctionnant selon des principes similaires en relation interpersonnelle. Un de ces principes nous apprend que le développement s'exerce à travers des stades, que l'on franchit un à un. Or, chacun de ces stades de développement est caractérisé par l'habileté à prendre certains points de vue plutôt que d'autres.

Selman précise que les individus ne se rendent pas tous au dernier stade. Au contraire, même à l'âge adulte, on retrouve des gens à tous les stades. *L'essentiel de la théorie interpersonnelle de Selman est qu'à chacun des stades l'individu ne peut prendre certains rôles dans ses situations relationnelles puisque chacun des rôles implique des «prises de perspectives» particulières bien précises.* Par exemple, au premier stade (relations unidirectionnelles), l'individu commence à différencier sa perception personnelle de celle des autres, mais ne comprend pas encore qu'il puisse y avoir des points de vue différents. Il ne peut, en d'autres mots, se mettre dans la peau de l'autre qui le voit. Par contre, au quatrième stade (relations interdépendantes), l'individu organise ses relations selon des niveaux qualitativement distincts et multidimensionnels. En somme, plus un

---

3. Voir le chapitre sur Loevinger dans Limoges, J. et Hébert, R., *Développement en tête*.

individu est à un stade élevé, plus il peut prendre de «points de vue» et de rôles différents par rapport à ses relations interpersonnelles[4].

Par ailleurs, dans une recherche par rapport à la capacité de prendre des rôles différents, les auteurs constatèrent que dix-huit enfants sur vingt-quatre d'un institut de rééducation obtinrent un résultat de deux stades plus bas sur l'échelle des relations interpersonnelles par rapport à leur résultat sur une échelle de développement cognitif. De leur côté, Scharf et Hickey[5] ont aussi observé l'incapacité de prisonniers à prendre certains rôles et points de vue. À plusieurs reprises, ils furent témoins que lorsqu'ils recréaient avec un prisonnier des «situations criminelles», celui-ci ne pouvait incarner le rôle et ne prendre le point de vue spécifique que de certains «auteurs» du drame. Ainsi, dans une situation de vol d'auto, le prisonnier pouvait bien prendre la peau du voleur et du policier, mais était incapable d'entrer dans celle du propriétaire du véhicule avec autant de conviction et de cohérence que dans les premiers cas. Les auteurs vont même jusqu'à suggérer que cette incapacité de prise de rôle et de perspective pourrait expliquer la «capacité» ou l'incapacité à commettre des délits...

Dans la relation d'aide, ces théories et les résultats de ces recherches ont une importance capitale. Ils permettent de constater qu'un bon «aidant» doit être une personne capable d'assumer le plus possible tous les points de vue d'une situation de relations interpersonnelles. Plus précisément, dans

---

4. *Ibid.*
5. Scharf, P. et Hichey, J., «The Person and the Inmate's Conception of Legal Justice» dans *Criminal Justice Behavior*, 1978.

une situation d'apprentissage de la relation d'aide, il sera en mesure d'incorporer les points de vue de l'«aidé», de l'«aidant» (en étant capable de s'objectiver) et de l'«investigateur» (en étant capable d'observer la relation entre lui en tant qu'«aidant» et «aidé»). Si l'on construit une matrice à partir de ces différents rôles, on obtient neuf combinaisons possibles, que l'on retrouve dans le tableau II.

Tableau II

Fonctions et rôles rattachés à la relation d'aide

Fonctions

Rôles		investigateur	aidant	aidé	mutuel
	investigateur		X	X	X
	aidant	X		X	X
	aidé	X	X		X

Dans ce tableau, les rôles se rapportent à vous tandis que les fonctions sont tenues par les autres membres du groupe de formation. Ici, le mot rôle n'est pas employé dans le sens où quelqu'un joue un personnage ou prend une façade, mais se voit attribuer dans la relation d'aide un rôle qui assure et justifie la relation. D'ailleurs, à ce sujet, vous pourriez visionner avec grand profit le film *Psychocratie* de l'Office national du film du Canada.

Peu de programmes d'amélioration des relations interpersonnelles se fondent sur la conception de «prises de rôles» et de «perspective». Le PARA vous offre la possibilité de bien saisir cette dynamique et de l'appliquer à la relation d'aide. L'unité III et les suivantes vous permettront d'expérimenter tous les rôles à plusieurs reprises afin de les maîtriser avec aisance.

Pour poursuivre cette réflexion et la visualiser, on peut se référer au vidéogramme *Le rôle d'investigateur* (voir appendice I).

Le savoir-faire

Au cours de l'unité II, vous avez constaté combien une situation de relation humaine offre une grande quantité d'indices de communication difficiles à saisir et surtout à décoder. Le programme vise justement à développer chez vous une plus grande acuité face à ces indices et aussi une plus grande habileté à les décoder.

Cette démarche sera favorisée davantage si la personne impliquée dans une entrevue de relation d'aide en tant qu'«aidée» ou «aidante» accepte de faire un retour sur son travail. *Si ce retour s'effectue avec l'assistance d'un investigateur, on parle alors de* **retour assisté.** L'entraînement atteindra alors un degré optimum d'efficacité. *Pour éliminer toute ambiguïté, la personne qui travaille avec un investigateur, que ce soit une aidante ou une aidée, sera nommée cliente.*

> L'investigateur est une personne jouant pour vous le rôle d'un sensibilisateur au plan des indices de communication. *Il agit de sorte à vous amener à saisir le plus d'indices possible et à partager vos perceptions, vos émotions et vos fantaisies par rapport à ceux-ci.* Son rôle devient très actif, sans pour autant porter de jugement de valeur sur le contenu de l'entrevue. Sa fonction consiste plutôt à poser, à la personne qui revit son entrevue, des questions telles que «Que ressentais-tu?», «Que pensais-tu?», «Que voulais-tu que l'autre pense de toi?», «Quel sens donnes-tu à tel geste ou tel regard?», etc.

Globalement, le rôle de l'investigateur revient à vous poser la question b) de l'unité I: «Quelles consignes suggéreriez-vous à ces deux individus pour améliorer leur communication?» Rappelons rapidement deux principes importants: d'abord, tout être humain est capable de distinguer une bonne relation interpersonnelle d'une mauvaise, et ensuite, il est possible d'influencer une relation interpersonnelle en vue de la rendre meilleure (voir «Le savoir» de l'unité I).

L'intervention de l'investigateur et votre retour sur l'entrevue seront facilités de façon importante si vous utilisez le matériel adéquat. Pour cette unité, comme pour les suivantes, je vous suggère fortement d'employer le magnétophone, ou mieux encore, le magnétoscope pour enregistrer les entrevues. Vous pourrez ainsi recréer avec toutes ses nuances la situation de la relation d'aide — une image ne vaut-elle pas mille mots? *Vous prendrez ainsi conscience, en revoyant l'enregistrement, de faits, de gestes, verbaux ou non, de sentiments exprimés par vous ou l'autre personne.* Il sera donc plus facile d'évaluer la dynamique de l'entrevue, le degré d'atteinte des objectifs fixés au début de la démarche, et enfin de percevoir les étapes qu'il reste à franchir par vous ou l'autre personne. Il vous sera beaucoup plus facile d'évaluer objectivement l'entrevue et d'adopter, comme on le disait au début de l'unité, les points de vue de chacun pour l'analyse. Le rôle de l'investigateur n'en sera que plus facilité, et les questions qu'il vous posera seront aussi plus adaptées.

Certes, il est impossible à la personne en pleine relation d'aide d'avoir l'esprit aussi critique qu'au moment du retour assisté. Présentement, si vous essayiez d'adopter cette attitude, vous perdriez vite le fil de la conversation. Un des objectifs du programme consiste justement à développer chez vous cette habileté à devenir un «aidant» **critique**. Les retours assistés vous aident grandement à vous améliorer et vous incitent à adopter un comportement d'aidant empreint d'assurance et de sécurité.

Dans le retour assisté, les questions posées par l'investigateur sont inspirées d'une philosophie d'apprentissage par découverte. Les accueillir avec ouverture — voire avec étonnement. Ces questions deviendront des outils très utiles s'ajoutant à votre répertoire d'entraidant et d'investigateur.

Le rôle de l'investigateur se distingue de celui de l'aidant surtout du point de vue de la perspective par rapport à l'entrevue. **L'aidant est préoccupé par un «ici et maintenant» alors que l'investigateur s'intéresse au «là et jadis».** Comme on le verra à l'unité IV, la satisfaction du travail réussi pour l'aidant réside en quelque sorte dans l'habileté à prendre un pas d'avance sur son aidé pour préparer ce dernier à affronter l'inconnu. Celle de l'investigateur provient plutôt du fait qu'il découvre et apprend *en même temps* que son client, grâce au retour sur l'entrevue. Il est en quelque sorte un accompagnateur.

L'approche de l'investigateur

L'approche de l'investigateur est constituée des techniques suivantes.

a) Questions ouvertes, exploratoires et brèves.
b) Mélange de questions concernant les idées, les sentiments et les gestes.
c) Écoute plutôt que partage de sentiments, d'interprétations, de conseils ou d'enseignements.
d) Évitement de certains obstacles à la communication, tels les jugements de valeur ou les changements de sujet.
e) Attention portée sur ce qui s'est passé au moment de l'entrevue plutôt que le «ici et maintenant».

Comme investigateur, *il est important que vous écoutiez et appreniez*. N'enseignez pas. Établissez une suite logique dans l'ordre de vos questions, par exemple: «Quel effet cette perception a-t-elle provoqué chez toi?» suivi de «Croyais-tu que l'autre était au courant de ce qui se passait chez toi?»

Voici quelques questions clés que vous pourriez utiliser pour améliorer votre travail auprès de votre client. *Remarquez que les verbes sont conjugués à l'imparfait pour bien faire ressortir le «là et jadis».*

— Que pensais-tu?
— Que ressentais-tu?
— Quelle image, souvenir ou mot trottait dans ton esprit?

— Que pensais-tu que l'autre personne ressentait?
— Que pensais-tu qu'elle voulait de toi?
— Que voulais-tu que l'autre personne pense ou ressente?
— Que pensais-tu que l'autre personne ressentait par rapport à toi?
— Comment aurais-tu voulu qu'elle se sente par rapport à toi?
— Y a-t-il quelque chose que tu aurais voulu dire, mais que tu n'as pas réussi à formuler?
— Pouvais-tu identifier certains risques, soit pour toi, soit pour l'autre?
— Imaginais-tu certaines conséquences de ce que tu aurais voulu faire ou dire?
— Te souviens-tu de certaines de tes sensations? Y avait-il une partie de ton corps qui réagissait plus que les autres?
— T'est-il arrivé d'éprouver un sentiment de déjà vu dans ta façon d'être ou dans ce que tu disais?
— Est-ce que le sexe ou l'apparence physique de l'autre personne avait un effet sur toi?

Au cours de cette unité, vous pratiquerez le rôle d'investigateur. Il vous permettra d'animer des *retours assistés* pour vos collègues sans avoir nécessairement besoin d'un formateur. Cette étape est donc cruciale dans le programme de formation.

Les étapes à suivre

a) La personne (aidante, aidée ou les deux) qui désire faire un retour assisté avec vous devrait avoir en main l'enregistrement d'une entrevue où elle est présente et active.

b) Invitez cette personne à se placer de façon à *bien voir ou à bien entendre* son enregistrement ou les deux. Quant à vous, placez-vous à côté de façon à *bien voir* cette personne et non l'appareil. Même si dans les faits cet appareil est une enregistreuse ou un magnétoscope, parce que ceux-ci sont culturellement associés au loisir et à la détente — donc à une certaine forme de passivité —, lorsqu'ils sont utilisés en formation surtout pour les *retours assistés,* je préfère les appeler des objectiveurs (voir chapitre VI)[6] car, tout au long de sa démarche de retour assisté, cette personne vous fera des signes pour que vous puissiez interrompre l'entrevue et lui permettre de réagir.

c) Rapplez-lui l'objectif et la méthode de l'investigation (revoir la section «Le savoir» pour bien saisir cette étape). **Cette introduction est très importante, car elle permet à votre client de mieux se situer par rapport à la tâche, d'être moins surpris et sur la défensive par rapport à vos agissements.** Sommairement, cet objectif consiste à aider la personne qui auditionne et visionne l'enregistrement de son entrevue à saisir le plus d'indices possible et, surtout, à réagir publiquement à ces indices afin de prendre conscience de ses modes de communication. La méthode consiste, pour la personne qui revoit son entrevue, à faire des arrêts afin de:
- — partager une idée, une fantaisie ou une émotion reliée au segment visionné;
- — commenter ce qu'elle voit ou entend ou les deux;

6. Limoges, J., «*Stimulinteraction;* la réalité sur mesure», dans *Bulletin de psychologie,* XLIII (395), 1990.

- — verbaliser les attentes qu'elle avait à ce moment-là par rapport à l'autre et par rapport à elle-même;
- — verbaliser les paroles et les gestes jugés inopportuns;
- — partager ses impressions ou perceptions par rapport au segment en question.

Je viens de préciser: *réagir publiquement*. N'est-ce pas le but ultime de toute croissance et de toute thérapie? Car en rendant public (devant un thérapeute) un problème intime, une personne devient plus consciente d'elle-même. Et cette démarche ne sera pleinement réussie que lorsque la dite personne acceptera *publiquement* son problème, sa réalité, etc.[7]

Dans le cadre de cette formation, un *retour assisté* d'une dizaine de minutes convient. À la fois, il apporte suffisamment de matériel à analyser et à intégrer et il évite d'aborder des problèmes et des dynamiques trop complexes pour les apprenants au stade où ils en sont dans leur formation.

d) Mettez l'objectiveur en marche et surveillez votre collègue qui commence le retour assisté. À l'aide de questions ouvertes et brèves et *en restant relié au segment visionné ou auditionné,* aidez-le à *élargir* son exploration du segment et, ainsi, à prendre conscience de son agir et de son vécu. Retournez à la section précédente où vous trouverez une série de questions clés qui pourront vous aider à faire une meilleure investigation. Elles se rapportent à l'un ou l'autre aspect de l'expérience présentée dans le segment, tels que:

---

7. Salomé, J., *Parle-moi, j'ai des choses à te dire*, Montréal, Éditions de l'Homme, 1982.

— les sentiments,
— les idées et les pensées,
— le corporel et le visuel,
— les mots,
— les fantaisies,
— les sentiments plus profonds,
— les attentes par rapport à l'autre,
— les attentes par rapport à lui-même,
— les contenus retenus.

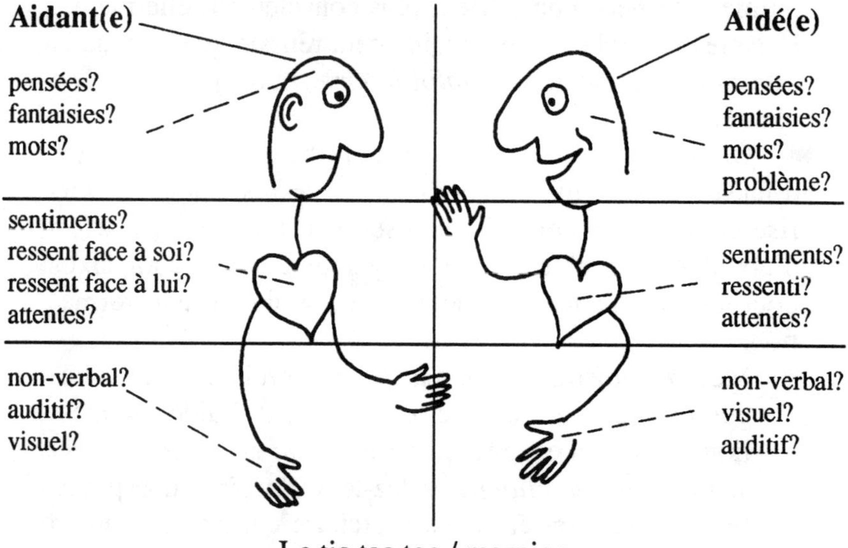

Le tic tac toe / morpion

Figure 5. Aires d'exploration pour investigation.

Pour vous guider dans votre rôle d'investigateur, la figure 5 synthétise les grandes aires à explorer, tant du côté de l'aidé que de celui de l'aidant. Ces aires sont essentiellement le **cognitif** (symbolisé par la tête), l'**affectif** (le cœur) et le **corporel** (les bras). Durant votre formation, vous pourriez placer cette figure, surnommée le *tic tac toe* ou le *morpion*, près de vous comme aide-mémoire durant votre travail comme investigateur. *Centrez toujours votre analyse sur le segment retenu par votre client. Ne cherchez pas à vous éloigner du contenu de l'enregistrement et, si nécessaire, invitez votre client à y revenir.*

e) Une fois le visionnement terminé ou après quelques séquences significatives, aidez votre client à *dégager une synthèse des observations* qu'il vient de faire par rapport à son retour sur l'entrevue.

f) Finalement, si vous travaillez en équipe, vous pouvez demander une rétroaction sur votre travail d'investigateur de la part des autres participants.

Rôles à analyser dans l'unité III

Comme vous l'avez constaté, on vous demande de jouer certains rôles au cours de ce programme, pour vous-même ou pour assister un autre apprenant. On peut distinguer deux catégories de rôles pour chaque unité: les rôles *majeurs* et les rôles *secondaires*.

Un rôle est majeur pour vous lorsque, dans l'unité, il fait l'objet d'observations et d'analyses spécifiques. Ainsi, dans cette unité, le rôle majeur est celui d'investigateur auprès d'un aidant qui doit visionner une entrevue qu'il a faite.

Par contre, lorsque vous remplissez une «fonction» pour un collègue, cela signifie que vous jouez un rôle secondaire, important bien sûr pour votre formation, mais qui ne fait pas l'objet d'une analyse dans cette unité. Dans l'unité III, vos rôles secondaires sont ceux d'aidant et d'aidé.

Méthodologie

L'unité II et les suivantes doivent absolument être faites en équipes d'au moins deux personnes si vous avez une entrevue pré-enregistrée ou d'au moins trois personnes si ce n'est pas le cas. Dans l'exemple d'une équipe formée de trois membres, les personnes peuvent adopter les différents rôles successivement.

Si l'on considère les unités III à VI, quatre est le nombre idéal pour la formation d'une équipe parce qu'il permet la rotation maximale dans la pratique des rôles et un moment d'observation à chacun des membres. Voici un exemple de stratégie efficace de répartition des rôles: chacun des équipiers se choisit une lettre et adopte les rôles correspondants selon le modèle suivant:

Rôles

	temps	aidant	aidé
	1	A	B
Membres	2	C	D
	3	B	C
	4	D	A

À l'unité III, comme l'objet d'apprentissage est le rôle d'investigateur lui-même, seul le formateur est en mesure de mener le retour assisté sur ce rôle. Il est à toute fin pratique l'investigateur pour les investigateurs en herbe! En revanche, lorsque le groupe se compose de plus de huit apprenants, l'unité III peut très bien se faire ainsi. Premièrement, dans les sous-groupes de quatre, chacun est aidant à tour de rôle selon la distribution décrite plus haut. Deuxièmement, l'un après l'autre, C, D, A et B pratique le rôle d'investigateur avec dans l'ordre les aidants A, B, C et D. Mais comme personne n'est encore apte à encadrer les nouveaux investigateurs — sauf le formateur —, il est suggéré, par exemple, que lorsque ce rôle est assumé par C avec A, B et D l'observent à l'aide du tic-tac-toe/morpion, pour ensuite lui faire une rétroaction à partir de cette grille. Et ainsi de suite jusqu'à chacun des membres du sous-groupe ait d'une part pratiqué le rôle d'investigateur et d'autre part bénéficié de la rétroaction de ces collègues sur ledit rôle. Pour les unités IV, V et VI, les membres de l'équipe se répartiront les rôles selon la stratégie suivante:

	Unités	III IV V VII	III IV		V		VI
	Rôles	Investigation	Aidant	(aidé)	Aidé	(aidant)	Mutuel
Membres		C	A	(B)	B	(A)	AB
		D	B	(C)	C	(B)	BC
		A	C	(D)	D	(C)	CD
		B	D	(A)	A	(D)	DA

Ainsi, dans l'unité IV par exemple, le membre C est investigateur alors que A est aidant et B est aidé; ensuite, D est investigateur alors que... À l'unité V, on recommence la même rotation, en notant cette fois que l'accent est mis sur le rôle de l'aidé alors qu'à l'unité IV, il était mis sur le rôle de l'aidant.

Plusieurs recherches sont arrivées à la conclusion que le niveau d'efficacité d'une entrevue s'établit en moins de dix minutes[8]. On peut donc attribuer dix ou quinze minutes à chaque entrevue et atteindre une efficacité suffisante pour la formation.

8. Carkhuff, R., *Helping and Human Relations*, vol I et II, New York, HRW, 1969.

Le savoir-être

a) Décrivez ce qui vous a le plus satisfait dans le rôle d'investigateur.

b) En vous référant au tableau II et à la figure 5 de l'unité, quelle(s) aire(s) avez-vous explorée(s) le plus?

c) À quoi attribuez-vous cette préférence?

d) Quelle(s) aire(s) avez-vous explorée(s) le moins? Pourquoi?

e) Que ressentez-vous par rapport au client pour lequel vous avez «joué» le rôle d'investigateur?

f) Avez-vous l'impression de l'avoir aidé? En quoi?

___

___

___

g) Que vous rapporte cette pratique du rôle d'investigateur?

___

___

___

h) Thermomètre d'implication:
1 2 3 4 5 6 7 8 9 10

i) Raison(s) de ce degré d'implication.

___

___

___

j) Résolution pour la prochaine unité.

___

___

___

Rétroaction du formateur:

___

___

___

___

___

___

UNITÉ IV

Pratique du rôle d'aidant en retour assisté

Le savoir

L'objectif de cette unité est de vous permettre d'analyser votre intervention en tant qu'«aidant». Les unités I, II et III vous ont permis d'améliorer vos habiletés de base au plan des types de réponses d'aide et de vos habiletés d'identification de vos propres réactions devant une variété de situations interpersonnelles.

Pour assumer ce rôle d'aidant, vous bénéficiez de trois instruments. Il y a d'abord et encore une fois un sens commun et inné de ce qu'est une *bonne communication*. Il en est ainsi pour votre aidé. Donc, vous êtes en quelque sorte sur la même longueur d'onde. Ensuite, il y a un espace favorable aux rencontres avec l'aidé. Ce lieu-temps est l'*ici et maintenant*.

Enfin, le rôle d'aidant, surtout pour un entraidant, se compose des quatre habiletés de base déjà apprises et pratiquées à l'unité I. Ces quatre habiletés sont, rappelons-les:

— l'intervention exploratoire,
— l'intervention d'écoute,
— l'intervention affective,
— l'intervention d'identification honnête.

On parle souvent d'une bonne communication — a fortiori d'une relation d'aide — comme d'un temps d'approfondissement. Dans le langage populaire, certains parlent d'un temps pour *creuser* un problème. Poussons cette analogie plus loin. En supposant qu'il s'agit de creuser pour découvrir un trésor, comment faudrait-il s'y prendre? Premièrement, il faudrait une *pelle* pour déblayer; deuxièmement, pour ramasser et porter plus loin les détritus, il faudrait une *brouette;* troisièmement, pour s'assurer de bien trouver le trésor, il faudrait trier ces détritus, en les passant au *tamis;* enfin quatrièmement, lorsqu'un obstacle empêche le creusage, telle une pierre, rien de mieux qu'un bon coup de *pic* (ou pioche).

On l'aura reconnu, ces quatre outils symbolisent les quatre habiletés de base:

SYMBOLES	HABILETÉS DE BASE
pelle	intervention exploratoire
brouette	intervention d'écoute
tamis....................................	intervention affective
pic (pioche)	intervention d'identification honnête

Cette analogie et sa symbolique font ressortir comment ces quatre habiletés — à elles seules —, surtout si elles sont utilisées interactivement, peuvent nous mener loin et nous faire faire des découvertes merveilleuses.

(Dans le vidéogramme sur le rôle d'aidant, voir l'appendice I, j'utilise d'autres symboles, soit la loupe, le télescope, le cœur et l'index.)

Par ailleurs, ce n'est pas par hasard si ici le trésor est *l'affect,* car la grande majorité des problèmes humains ne peuvent être adéquatement résolus sans qu'on ait découvert et pris en compte les émotions qui les sous-tendent. Poursuivons le parallèle. Si ces quatre instruments ne suffisent pas, par exemple, si de la dynamite est nécessaire pour rejoindre le trésor, il faudra consulter des experts en dynamitage! En relation d'entraide, au-delà des quatre habiletés de base, il faudra référer le cas à des professionnels d'aide ou acquérir des habiletés supplémentaires.

En d'autres mots, *cette étape consiste à apprendre ce que l'aidé attend de vous dans cette relation interpersonnelle.* Pourquoi vient-il chercher votre aide? Quels messages vous envoie-t-il? Qu'attend-il vraiment de vous? Que pouvez-vous lui offrir?

Votre premier réflexe pour répondre à ces questions serait probablement de l'observer en interaction. Pourtant, des années de recherche démontrent que l'individu perçoit beaucoup plus d'informations sur la nature des préoccupations d'une autre personne, en l'occurrence un aidé, que ce qu'il pense savoir et ose utiliser. *Au fond, l'aidant a souvent en lui-même une somme d'informations dont il n'a pas vraiment conscience. En conséquence, il faut amener l'aidant à s'éveiller à cette information disponible et l'inciter à l'utiliser.*

Toutefois, il faut aussi reconnaître l'importance des impressions et des rétroactions que l'aidé apporte à l'aidant dans la relation d'aide. Alors, à la fois pour vous permettre en tant qu'aidant de prendre conscience de l'*importance* des rétroactions de l'aidé et de l'*importance* de l'information qu'il possède déjà sur lui-même et qui vous serait utile, lors du retour assisté de l'unité IV, on vous retirera l'apport direct de cet aidé. Vous serez ainsi contraint à vous concentrer sur votre propre rôle et aussi, par un effet de carence, à mieux percevoir l'importance du rôle de l'aidé dans la relation d'aide.

Ce qui est fait ici, c'est l'application intégrale de la technique de l'instructeur de natation qui, lors d'un cours, interdit à un élève l'usage des jambes, d'abord pour renforcer ses bras, mais aussi pour lui faire prendre conscience de l'importance des jambes dans la nage. Par la suite, il espère qu'il les utilisera davantage.

Le savoir-faire

Il s'agit d'abord pour vous de mener une entrevue avec une autre personne du groupe, entrevue dans laquelle vous jouerez le rôle d'aidant. Tout comme dans l'unité précédente, vous enregistrez vos interventions sur bande magnétique ou magnétoscopique. Une entrevue de dix minutes suffit. L'aidé, conscient du peu de temps dont il dispose, devra en conséquence énoncer l'objet de l'entrevue et choisir un problème ou un sujet approprié. (Dans toute relation d'aide, il est toujours important que l'aidé connaisse exactement le temps dont il dispose afin de ne pas être pris au dépourvu.) Même si les habiletés apprises dans les premières unités ne sont pas parfaitement assimilées, essayez de les exploiter au maximum. C'est en les employant le plus souvent possible que vous améliorerez votre rendement en entraide.

Une fois l'entrevue terminée, l'investigateur prendra la place de l'aidé et vous aidera à faire un retour en mettant l'accent sur l'information de tout genre qui transpire du visionnement. En repassant la bande, l'investigateur vous encouragera à revivre cette expérience le plus profondément possible en vous attachant à tous les détails. *Votre attention devrait porter à vous remémorer toute une gamme de renseignements: ce que vous pensiez et ressentiez, vos fantaisies, les images qui circulaient dans votre esprit, l'impression que vous vouliez créer chez l'aidé, votre estimation des pensées de ce dernier, les réactions de votre corps, etc.*

Détendez-vous puisque l'investigateur n'est pas là pour vous juger ou vous évaluer. Sa tâche consiste à vous permettre de revivre une situation de communication et de verbaliser des phénomènes passés inaperçus au moment de l'entrevue. Vous pourrez ainsi évaluer dans quelle mesure vos stratégies vous ont permis d'atteindre vos objectifs et comment vos réactions, vos préoccupations ont facilité votre relation d'aide ou créé de l'interférence.

Au fur et à mesure que vous vous engagerez dans ces séances de retour assisté, vous découvrirez qu'il devient de plus en plus facile de prendre des «risques» dans des situations interpersonnelles. Vous ne craindrez plus d'utiliser les informations communiquées par les autres que vous aviez jusque-là ignorées ou évitées.

À l'intérieur de cet exercice et *à titre d'aidé,* votre progrès sera d'autant plus appréciable que vous serez vous-même sensibilisé et que vous serez prêt à vous impliquer davantage. *Cela signifie que lorsque vous «jouez» le rôle d'aidé, vous acceptez de présenter une de vos préoccupations réelles.* Vous tirerez souvent une aide appréciable au cours des différentes séances et, de plus, la personne qui agit comme aidant pourra bénéficier de retours assistés beaucoup plus profitables. Voici quelques propositions de thèmes de discussions:

— un fait ayant eu une grande importance pour vous;
— une réalisation dont vous êtes particulièrement fier;
— une de vos aspirations les plus importantes;
— une expérience heureuse ou malheureuse vous ayant marqué;
— une relation personnelle sur laquelle vous vous interrogez;
— ce que vous ressentez «ici et maintenant» par rapport à la formation;
— l'impact de l'aidant sur vous.

À titre d'aidant, après avoir verbalisé vos choix, intentions et stratégies, au moment du retour assisté, vous deviendrez beaucoup plus conscient de votre agir et vous serez plus *prêt à modifier votre attitude lorsque celle-ci s'avère inefficace*. Le retour assisté démontre combien nombreux et importants sont les messages que vous percevez sans jamais donner d'indices que vous les avez perçus. En répétant ces retours assistés, vous deviendrez de plus en plus capable de reconnaître ces messages et d'agir en conséquence. Il se peut aussi que vous reconnaissiez comment les peurs et anxiétés liées à votre propre histoire personnelle influencent le style de vos entrevues.

À la suite d'une séance de retour assisté, réunissez-vous avec un groupe de collègues en tant qu'aidant et discutez des questions soulevées dans la section «savoir-être» de l'unité. Vous constaterez que les autres ont souvent les mêmes préoccupations que vous face à leur rôle d'aidant: ils ont peur de blesser; ils craignent que la rencontre ne deviennent trop chargée émotivement, que l'aidé pleure; ils ont le désir d'impressionner, etc. Vous apprendrez aussi certaines choses sur votre propre attitude ou comportement: des sentiments non exprimés ouvertement, des stratégies, des comportements, des attitudes ayant pu faire obstacle, etc. Certains aidants découvrent parfois, à force de discussion, qu'ils s'attendaient à être rejetés ou sous-estimés par l'aidé avant même le début de l'entrevue. D'autres se rendent compte qu'ils étaient tellement préoccupés par leur propre anxiété ou voulaient tellement trouver les bons mots qu'ils étaient incapables de se concentrer et de percevoir le message de l'aidé et ainsi de suite.

Rôles à pratiquer

Dans l'unité IV, il y a deux rôles majeurs à expérimenter:

a) celui d'aidant en retour assisté,

b) celui d'investigateur auprès d'un aidant avec ou sans la présence de l'aidé.

Le rôle de l'aidé reste secondaire dans cette unité. Toutefois, avec l'accord de l'aidant, il peut être présent lors du retour assisté à la condition de rester en retrait et de ne pas intervenir.

Note à l'investigateur

Lors du retour assisté avec l'aidant, assurez-vous que l'aidé soit absent ou en retrait *de façon à permettre à l'aidant de s'exprimer sur l'entrevue en toute liberté et spontanéité*. De plus, invitez ce dernier à centrer son observation sur lui-même en train de remplir la fonction d'aidant.

Note au formateur

Plusieurs aidants peuvent intervenir avec le même aidé dans une entrevue. Il faut à ce moment-là que le deuxième aidant se mette bien dans la situation afin de poursuivre sans l'interrompre le retour assisté déjà amorcé.

Le savoir-être

Concentrez-vous sur votre rôle d'aidant et répondez aux questions suivantes:

a) Vous souvenez-vous d'erreurs importantes dans votre relation d'aide?

____

____

____

b) Avez-vous perçu certains messages pour ensuite en faire volontairement abstraction?

____

____

____

c) Vous est-il arrivé de ne pas croire ce que vous avez entendu?

____

____

____

d) Au cours du retour assisté, avez-vous été capable d'identifier les sentiments que vous aviez?

___

___

___

e) Avez-vous été capable de faire quelque chose dont vous étiez incapable auparavant? Qu'est-ce qui vous a aidé à le faire?

___

___

___

f) Avez-vous découvert que vous vouliez vraiment être apprécié par votre aidé en étant gentil, en ne le blessant pas, etc.? Cela a-t-il été un obstacle, ou cela vous a-t-il demandé beaucoup d'énergie et d'attention?

___

___

___

g) Avez-vous eu peur que votre aidé soit soudainement submergé émotivement et qu'il devienne pénible pour vous de l'écouter?

___

___

___

h) Avez-vous évité d'augmenter l'intensité émotive de l'échange par toutes sortes de subterfuges?

___

___

___

i) Auriez-vous été mal à l'aise si votre aidé avait pleuré?

j) Y a-t-il eu des manifestations de colère ou de rejet?

k) Avez-vous été capable de faire quelque chose qui vous apparaît difficile habituellement? Qu'est-ce qui vous a permis de le faire?

l) Qu'est-ce que vous avez particulièrement aimé dans ce que vous avez fait?

m) Qu'est-ce que vous n'avez pas aimé dans ce que vous avez fait au cours de cette entrevue?

n) Lors de votre retour assisté avec l'investigateur, avez-vous retenu certains de vos commentaires? Lesquels et pourquoi?

___

___

___

o) À la suite de ce retour assisté avec l'investigateur, quelles questions auriez-vous aimé poser à votre aidé? Pourquoi?

___

___

___

p) Examinez enfin brièvement votre rôle d'investigateur et commentez-le en quelques lignes.

___

___

___

q) Thermomètre d'implication dans l'unité:
1 2 3 4 5 6 7 8 9 10

r) Raison(s) de ce degré d'implication.

___

___

___

s) Résolution pour la prochaine unité.

___

___

___

Rétroaction du formateur:

UNITÉ V

Pratique et retour assisté du rôle d'aidé

Le savoir

Dans l'unité précédente, la méthodologie vous a empêché, comme aidant, de recevoir directement les rétroactions de l'aidé. Peut-être aviez-vous déjà noté ce vide et attendiez-vous le moment de recevoir les impressions de celui-ci par rapport à l'entrevue. Cela sera bientôt possible! Pour cette unité-ci, l'aidant sera, à son tour, réduit au silence au moment du retour assisté.

En tant qu'aidé maintenant, vous découvrirez combien vous avez une assez bonne idée de l'entrevue, de votre dynamique personnelle et de celle de l'aidant. Vous acquerrez une notion assez précise de ce que l'aidant tente de soustraire à votre attention. Cette unité aura pour effet de démystifier un peu le statut d'aidant et de revaloriser l'opinion que l'aidé a de lui-même.

> À cause de la structure même de la relation d'aide, l'aidant qui jouit du statut d'expert amène inconsciemment l'aidé à se sentir inférieur.

Maintenant, en tant qu'aidant, vous augmenterez vos connaissances sur les désirs, aspirations et perceptions de l'aidé de même que sur les moyens qu'il utilise souvent pour éviter, nier ou supprimer certaines expériences de sa vie. Vous vous familiariserez aussi avec certains mécanismes de croissance et de changement. Aux lectures que vous avez faites sur l'interaction humaine s'ajoutera un apprentissage par l'expérience dans un processus de découvertes avec l'aidé, qui deviendra *ici* votre maître!

Si la plupart des programmes de formation à la relation d'aide nécessitent la pratique de la fonction d'aidé, par exemple, lors de jeux de rôles et de mises en application, peu de ces programmes prennent la peine d'enseigner et de superviser cette fonction. Pourtant quels autres exercices pourront autant permettre à l'apprenant d'expérimenter et de ressentir les effets des habiletés et du processus d'aide ou d'entraide? Le rôle d'aidé n'est-il pas l'un des rôles, c'est-à-dire l'une des prises de position ou encore l'un des points de vue essentiels à toute relation d'aide?

Le savoir-faire

Lorsque vous participerez à des entrevues en jouant le rôle de l'aidé, *acceptez de présenter un contenu le plus significatif possible*. Rappelons qu'il est possible d'amener des éléments de discussion significatifs sans révéler des problèmes ou des expériences pénibles. De toute façon, les entrevues utilisées dans cette unité ne doivent pas dépasser une dizaine de minutes. Cela limite donc la complexité des situations que vous pouvez présenter.

Pour le fonctionnement général, formez des groupes identiques à l'unité précédente sans toutefois conserver les mêmes coéquipiers. *Cette fois,* **seul** *l'aidé rencontrera l'investigateur.* L'aidant devra s'absenter ou se tenir en retrait pour permettre à l'aidé de parler librement de l'entrevue pendant le retour assisté.

Si l'aidé veut pleinement bénéficier de son expérience et permettre à l'investigateur de s'améliorer aussi, il devra *se remémorer systématiquement ses pensées, ses sentiments, ses réactions au moment du visionnement de la bande de l'entrevue et les partager. Évidemment, le succès de ce retour assisté sera assuré en autant que l'aidé transmettra honnêtement et ouvertement l'analyse de son entrevue.*

L'investigateur accompagne l'aidé dans l'évaluation, moment par moment, de l'impact que l'aidant a produit sur l'aidé. *Celui-ci révèle les types d'intervention qui ont déclenché de nouveaux processus de pensée et les interventions qui se sont avérées inutiles ou même inhibitrices.* La plupart des aidés arrivent à donner une rétroaction considérable. De cette façon, l'apprenant apprend la dynamique de l'aidé, non pas d'un superviseur plein de sagesse, de conseils et de savantes interprétations, mais directement de la source, *c'est-à-dire de l'aidé lui-même.*

Il peut être souhaitable ensuite de se réunir entre aidants pour partager ses observations et réfléchir sur le sens de ce que chacun des aidés a dit au moment du retour assisté. À cette fin, vous pouvez utiliser les questions de la section suivante.

Cette étude du retour assisté de l'aidé permet de faire saisir certaines subtilités de la relation d'aide. Par exemple, de découvrir combien d'énergie l'aidé a investie pour bien paraître au cours de l'entrevue, que l'aidé comprend beaucoup plus de choses que ce que l'on pensait, dans quelle mesure il perçoit les limites de l'aidant, etc.

Rôles à pratiquer

Dans cette unité, les rôles majeurs à pratiquer sont:

a) celui d'aidé accompagné d'un investigateur dans un retour assisté sans la présence de l'aidant;

b) celui d'investigateur auprès d'un aidé sans la présence de l'aidant.

Vous pouvez pratiquer avec profit, mais sans retour assisté, le rôle secondaire d'aidant, puis assister, sans intervenir, avec l'accord de l'aidé, à son retour avec l'investigateur.

Le savoir-être

Réfléchissez et répondez à ces questions en tant qu'aidé.

a) Quels sont les moments de l'entrevue que vous avez trouvés les plus satisfaisants? Pourquoi?

____

____

____

b) Les moins satisfaisants? Pourquoi?

____

____

____

c) Comment vous est apparu votre aidant?

d) À quels moments de l'entrevue avez-vous appris le plus?

e) Avez-vous l'impression que votre aidant faisait preuve de compétence?

f) Si vous aviez été à sa place, qu'auriez-vous fait de différent? de semblable?

g) Lors du retour assisté comme aidé, qu'est-ce qui vous a le plus frappé?

h) Votre expérience dans le rôle d'aidé vous a appris plusieurs choses: lesquelles pourrez-vous utiliser avec profit lorsque vous vivrez le rôle d'aidant?

Répondez maintenant aux questions suivantes en tant qu'aidant ayant été témoin d'un retour assisté fait par votre aidé:

i) Que pensez-vous du retour assisté de votre aidé, des points abordés?

---

j) Qu'avez-vous appris sur lui, plus spécifiquement durant le retour assisté?

---

k) Quels ont été pour lui les moments les plus forts? Pourquoi?

---

l) Et les moments les moins satisfaisants? Pourquoi?

---

m) Comment pouvez-vous utiliser l'information que possède l'aidé durant l'entrevue?

____

____

____

n) Que dégagez-vous de cette expérience?

____

____

____

o) Thermomètre d'implication:
1 2 3 4 5 6 7 8 9 10

p) Raison(s) de ce degré d'implication.

____

____

____

q) Résolution pour la prochaine unité.

____

____

____

Rétroaction du formateur:

____

____

____

____

____

____

____

UNITÉ VI

Pratique du retour assisté mutuel

Le savoir

La méthodologie des unités III, IV et V, *en réduisant certains rôles ou points de vue au silence,* avait comme objectif de vous faire prendre conscience de l'importance de ceux-ci par l'effet de leur absence même. En effet, au moment des retours assistés, vous avez probablement souffert du «silence» de votre partenaire d'entrevue. Vous auriez aimé recevoir l'information dont il disposait et qui vous est restée inaccessible. Comme vérifier une perception, interroger le sens d'un silence ou expliciter un de vos comportements qui vous apparaît maintenant ambigu. Les phénomènes de communication qui ont résulté de ces démarches incomplètes (soit l'absence d'un des membres pendant les retours assistés) peuvent s'expliquer clairement par le modèle de Luft[1]. Cela vous permettra aussi de reconnaître la pertinence de la démarche méthodologique suivie jusqu'ici dans le programme.

1. Luft, J., *Introduction à la dynamique des groupes,* Paris, Privat, 1968.

Luft a développé une grille d'analyse connue sous le nom de «fenêtre Johari», représentant les contenus et les volumes d'information que deux individus peuvent s'échanger dans une relation. La figure 8 illustre ce modèle avec ses quatre aires de communication.

Aire I, l'*aire libre* s'applique à vos comportements et à vos motivations qui sont connus de vous comme des autres.
Aire II, l'*aire aveugle,* où les autres peuvent voir en vous des choses que vous ignorez vous-même.
Aire III, l'*aire secrète* représente ce que vous savez, mais ne révélez pas aux autres (par exemple, un dessein secret ou des sujets à l'égard desquels vous êtes particulièrement sensibles).
Aire IV, l'*aire inconnue.* Ni vous ni les autres n'êtes conscients de certains de vos comportements ou de certaines de vos motivations. Pourtant, on peut supposer leur existence car, avec le temps, certains d'entre eux viennent à la surface et vous et/ou les autres vous apercevez alors que ces comportements et motivations cachés influençaient vos relations depuis le début.

	Connu de vous	**Inconnu de vous**
Connu des autres	I — Aire d'activité libre	II — Aire aveugle
Inconnu des autres	III — Aire secrète	IV — Aire d'activité inconnue

Figure 8. La fenêtre Johari.

Selon Luft, *la relation atteint sa pleine maturité quand l'aire I occupe la plus grande partie de la fenêtre.* Cela signifie que l'interaction des individus s'effectue dans un climat de confiance et d'ouverture. L'objectif de la relation d'aide est donc d'élargir au maximum l'aire I aux dépens des autres.

Les rôles expérimentés dans les différentes unités du PARA avaient à vous faire vivre des relations en omettant certains quadrants afin de vous faire prendre conscience de leur importance par leur absence même et vous amener à mieux utiliser les quadrants restants.

Par exemple, au moment du retour sur votre *rôle d'aidant* à l'unité IV, on vous a soustrait la rétroaction de votre partenaire (aire II dans la «fenêtre Johari»). Il vous a donc été impossible de réduire l'aire II pour accroître l'aire I. Cela vous obligeait donc à travailler uniquement au niveau de l'aire III, c'est-à-dire à rendre publics des aspects de vous-même que vous étiez seul à connaître. Vous avez accepté ainsi de faire de l'*autodévoilement* pour développer l'aire I. À l'unité V, on a provoqué l'effet contraire en ne permettant que l'apport de la rétroaction de votre aidé. Vous n'avez alors élargi votre aire I que par la réduction de votre aire II.

Il vous reste maintenant à combiner simultanément ces deux approches. Ainsi, la *rétroaction* et l'*autodévoilement* faciliteront ensemble l'expansion de l'aire I et, par conséquent, rendront possible la relation d'aide. Cette démarche sera favorisée par la pratique du *retour assisté mutuel* faisant l'objet de cette unité.

Quant à la réduction de l'aire IV, elle se trouve indirectement touchée à cause de la meilleure connaissance que l'individu acquiert de lui-même. Certains comportements ou certaines motivations font progressivement surface et apparaissent alors au grand jour, contribuant ainsi à réduire l'aire IV[2].

Le **retour assisté mutuel** consiste en un retour assisté avec vous en tant qu'aidant ou aidé et votre partenaire d'entrevue. *Ce type de retour vous donne l'occasion d'apprendre comment échanger avec quelqu'un sur la façon dont votre communication réciproque vous atteint mutuellement.* Ce processus continu d'interaction permet conséquemment de mieux comprendre la façon d'être de l'autre et d'améliorer votre relation. Cette fois-ci, l'analyse de l'«ici et maintenant» s'ajoute à celle du «là et jadis» pour alimenter l'échange et le partage qui importe et qui favorisera l'échange. Notons que les habiletés assimilées pendant cette unité vous serviront constamment en dehors du programme de formation.

Vous avez eu jusqu'à maintenant plusieurs expériences où vous avez *développé votre conscience* des processus subtils se déroulant au cours d'une interaction humaine. Peut-être constatez-vous que c'est une chose de reconnaître un processus, mais que c'en est une autre de réagir adéquatement au fur et à mesure qu'il se produit en entrevue. Vous pouvez, par exemple, reconnaître quel impact a une personne sur les autres, mais vous demander comment utiliser cette connaissance de façon concrète, dans le «ici et maintenant». Le retour assisté mutuel vise à vous sensibiliser à des situations semblables et à vous aider à y réagir.

2. Saint-Arnaud, Y., *La personne humaine*, Montréal, Éditions de l'Homme, 1974.

Plus vous pratiquerez le retour assisté mutuel, plus vous amorcerez une mutation profonde. C'est le praradoxe de PARA! En effet, alors que toutes les unités précédentes vous furent présentées comme des moyens pour améliorer vos techniques de relation d'aide, en pratiquant le *retour assisté mutuel,* vous découvrirez peu à peu que celui-ci rejoint l'essentiel de toute bonne communication (voir l'unité I) et devient donc le prototype d'une relation d'aide réussie.

Car une relation d'aide, qu'elle soit thérapeutique ou simplement entraidante, n'est autre chose qu'un usage dosé de *rétroactions* et d'*autodévoilements* dans un *climat favorable*. La documentation scientifique appelle ces ingrédients: l'empathie, la congruence et un climat d'acceptation[3]. Ultimement, cela devient une relation d'entraide[4]! Le retour assisté mutuel est la pierre angulaire de ce programme. C'est pourquoi un vidéogramme y est consacré (voir l'appendice I).

Le savoir-faire

Vous avez enregistré une entrevue. *Le retour assisté, cette fois, se fera sous forme d'échange où sont présents l'investigateur, l'aidant et l'aidé. Lors du retour assisté, l'investigateur invitera l'aidant et l'aidé à partager leurs attitudes,*

3. Auger, L., *Communication et épanouissement personnel,* Montréal, Éditions de l'Homme, 1972; Carkhuff, R., *Helping And Human Relatives,* vol. I et II, New York, HRW, 1969; Rogers, C., *La personne humaine,* Paris, Dunod, 1966.
4. Bédard, J., *La relation d'entraide,* Montréal, Éditions de Mortagne, 1985.

leurs intentions, leurs sentiments, leurs pensées, leurs stratégies et leurs attentes non exprimées au cours de l'entrevue. Lorsque l'un s'exprime, libre à l'autre d'y réagir. S'il réussit bien sa tâche, il aura permis à tous les deux de se parler, de s'écouter d'une nouvelle façon et à un niveau différent.

À la suite de ces retours assistés mutuels, il est fort possible que vous développiez un style d'interaction plus rapide, plus direct et plus ouvert et que vous utilisiez davantage les informations multiples surgissant dans toute interaction continue.

Rôles à pratiquer

Cette unité met en relief trois rôles majeurs:

a) celui d'aidant suivi d'un retour assisté avec un investigateur *et en compagnie* de son aidé, *tous étant actifs dans ce retour*;
b) celui d'aidé actif qui, en compagnie de son aidant, fera *avec* ce dernier, un retour assisté avec le soutien d'un investigateur;
c) celui d'investigateur d'un retour assisté mutuel, c'est-à-dire d'un retour où l'aidant et l'aidé sont présents et actifs.

Le savoir-être

a) Qu'est-ce que vous avez appris de votre aidé lors du retour sur l'entrevue où vous étiez aidant avec lui?

___

___

___

b) Qu'est-ce que vous avez appris de votre aidant lors du retour sur l'entrevue où vous étiez aidé?

____

____

____

c) Dans le cadre d'un retour assisté mutuel, qu'est-ce que vous déduisez de votre expérience comme investigateur en comparaison d'un retour assisté?

____

____

____

d) Dans le même contexte, que pensez-vous de votre expérience d'aidant?

____

____

____

e) Et d'aidé?

____

____

____

f) Comparez ce retour assisté mutuel avec les retours assistés antérieurs.

____

____

____

g) En utilisant les quadrants de la fenêtre de Johari, analysez la dynamique de votre entrevue.

h) Toujours à partir du même modèle, analysez la dynamique du retour assisté mutuel.

i) Thermomètre d'implication:
1 2 3 4 5 6 7 8 9 10

j) Raison(s) de ce degré d'implication.

k) Résolution pour la prochaine unité.

Rétroaction du formateur:

UNITÉ VII

Généralisation de l'apprentissage

Le savoir

Dans les unités précédentes, vous avez pratiqué tous les rôles reliés à la tâche d'entraidant. C'est par une utilisation fréquente des techniques apprises ici que vous développerez vos habiletés d'aidant et que vous deviendrez un entraidant efficace. Plus vous accepterez de pratiquer la rotation des rôles proposés dans le programme, plus votre conscience relationnelle augmentera. Mais toutes ces pratiques ne sont vraiment formatrices que si vous les prolongez de retours assistés et de préférence de *retours assistés mutuels*. Maintenant que vous connaissez et maîtrisez mieux ces rôles, vous devez vraiment vous impliquer dans une relation d'aide puisque jusqu'ici vous ne les avez pratiquées qu'avec les membres du groupe de formation. De nombreux organismes ou institutions destinés à l'aide au grand public attendent votre contribution.

> On peut affirmer que plus vous vous êtes impliqué dans le programme, plus vous pourrez effectuer le transfert et la généralisation de vos apprentissages.

Le savoir-faire

a) Vous allez *trouver une personne en dehors du groupe de formation* qui serait consentante à parler avec vous d'un sujet qui lui tient à cœur. Informez-la que l'objectif de cette rencontre est, d'une part, de parler avec elle et, d'autre part, de pratiquer les habiletés que vous venez d'apprendre. Engagez-vous aussi à n'utiliser cette entrevue que dans le contexte de votre cours et pour votre perfectionnement. Prévenez-la que c'est pour cette raison aussi que vous devez enregistrer l'entrevue.

b) Faites avec cette personne une entrevue de quinze à vingt minutes en lui précisant dès le début le temps dont elle dispose.

c) Faites ensuite un retour assisté avec un investigateur de la classe en suivant la démarche proposée dans l'unité IV.

d) Analysez ensuite la démarche de l'investigateur.

L'unité VIII peut être reprise plusieurs fois jusqu'à ce que vous ayez suffisamment amélioré les qualités de l'aidant décrites dans «Le savoir» de l'unité I: l'empathie, la congruence et la chaleur inconditionnelle. De plus, si la personne que vous avez aidée pendant l'unité VII est d'accord, vous pourriez lui demander de participer aux différents retours assistés des unités IV et V. **Vous pouvez élargir et approfondir l'expérience acquise dans PARA de deux façons: d'une part, en faisant plusieurs petites entrevues avec des personnes en dehors du groupe (élargissement de vos expériences) et, d'autre part, en allongeant progressivement la durée d'une entrevue avec un collègue du programme (expérience d'approfondissement).**

Le savoir-être

a) Quelles différences y a-t-il à faire une entrevue avec un aidé hors-groupe?

____

____

____

b) Si vous aviez à faire une nouvelle entrevue avec un aidé hors-groupe, que feriez-vous de semblable? de différent?

____

____

____

c) Thermomètre d'implication:
1 2 3 4 5 6 7 8 9 10

d) Raison(s) de ce degré d'implication.

____

____

____

e) Résolution portant sur tout le programme.

____

____

____

Rétroaction du formateur:

____

____

____

____

____

____

____

____

Évaluation globale

En terminant le programme d'amélioration des relations d'aide, il importe d'évaluer dans quelle mesure vous avez atteint les objectifs du programme et ceux que vous vous étiez fixés personnellement. Pour ce faire, relisez les objectifs du programme dans «Le savoir» de l'unité I, puis répondez aux questions qui suivent.

a) Dans quelle mesure vous êtes-vous permis d'être vous-même et de vous accepter comme vous êtes?
Barème: 1 2 3 4 5 6 7 8 9 10
Commentaires: ______________________

____

____

b) Dans quelle mesure avez-vous cherché à créer un climat d'échange avec les collègues du groupe?
Barème: 1 2 3 4 5 6 7 8 9 10
Commentaires: ______________________

____

____

c) Dans quelle mesure avez-vous cherché à comprendre et aider les autres?
Barème: 1 2 3 4 5 6 7 8 9 10
Commentaires: ______________________

____

____

Compilez ces trois barèmes pour obtenir un total sur 30 et calculez votre pourcentage. Ensuite, cumulez les cotes des thermomètres d'implication des unités I à VII et calculez de nouveau votre pourcentage.
Comparez et concluez!

d) Comme dernier exercice, évaluez maintenant jusqu'à quel point vous avez atteint vos objectifs personnels.

____

____

____

Rétroaction du formateur:

CHAPITRE VI

La supervision d'entraide

Dans l'unité III du chapitre précédent, je me suis attardé à décrire le rôle d'*investigateur*. Puis à l'unité VI, j'ai décrit l'interdépendance entre la *rétroaction* et l'*autodévoilement* à l'aide de la fenêtre de Johari.

Ces deux éléments m'ont d'abord conduit à réfléchir sur les paradigmes actuels de supervision et ensuite à proposer dans une conférence, puis dans un article, un paradigme alternatif rendant la supervision de l'entraide plus cohérente[1].

Les réactions à cette initiative furent tellement favorables que j'ai choisi de conclure ce livre avec l'essentiel de cet article, en ayant soin de l'adapter encore plus à l'entraide.

---

1. Le texte en question a été publié dans *Carriérologie*, 3 (4), 1988, et dans *Les cahiers G.R.E.A.T.*, n° 2, 1989.

Les enjeux de la supervision

Le paradigme de la rétroaction

Les approches et courants actuels en supervision en général s'inspirent habituellement du paradigme de la rétroaction. Ici, tout est mis en œuvre pour augmenter la fréquence, la quantité et la qualité de la rétroaction. Mais quels que soient les moyens utilisés, ces approches et courants ont à peu près les mêmes caractéristiques et évoluent toujours de la même façon.

Caractéristiques du paradigme de la rétroaction

Essentiellement, ce paradigme implique un idéal à atteindre, un modèle à suivre, une expertise *standardisée* à acquérir. Cet idéal, ce modèle ou cette expertise sont généralement perçus et décrits comme extérieurs au stagiaire. Et, habituellement, le superviseur incarne cet idéal, ce modèle, cette expertise.

Un contexte aussi déterminé et des contraintes aussi nombreuses conduisent inévitablement à un même endroit et à un même dénouement, de sorte qu'il est possible de prédire — pour ce paradigme basé sur la rétroaction — l'évolution de la supervision ainsi que les positions du superviseur et du stagiaire à court, moyen et long termes.

a) À court terme

Dès le début, la relation superviseur-apprenant devient une relation de donnant-quémandant, de dominant-dominé. Le premier sait, l'autre non; l'un maîtrise, l'autre pas; et ainsi de suite. Cet état de fait propre au paradigme de rétroaction implique que le superviseur informe, démontre, corrige, exige, évalue et, au besoin, réprimande ou menace.

Pour ce qui est de l'apprenant, on s'attend à ce qu'il exécute, atteigne des standards minimums, suive les directives, se conforme, se soumette, bref qu'il *joue le jeu,* selon l'expression souvent utilisée par les apprenants encadrés.

b) À moyen terme

Après quelques semaines, cette relation superviseur-apprenant devient tendue, chacun y vivant une solitude, pour aboutir quelquefois à un véritable jeu du chat et de la souris marqué par la crainte, la menace et l'évitement.

Dans ce contexte, le superviseur bien intentionné est tiraillé entre son désir d'aider l'apprenant et l'obligation qu'il a de leur faire atteindre le standard et/ou d'évaluer ce même apprenant. Afin d'alléger sa tâche et surtout de la rendre plus gratifiante, il souhaite que l'apprenant soit autonome, se prenne en charge, mais il se trouve vite confronté à une attitude attentiste, sinon dépendante de sa part. Alors, il le rappelle à l'ordre, voire le semonce et lui pose des ultimatums. En se basant sur le paradigme de rétroaction qui présuppose que le superviseur incarne le modèle, si tel n'est pas le cas ou si tel n'est pas la perception du superviseur, celui-ci vit dans l'inconfort et se perçoit comme un imposteur...

Simultanément, et dans ce même contexte, l'apprenant est également tiraillé entre son besoin d'aide et sa peur d'être évalué négativement. Aussi, pour éviter de faire des faux pas, il développe des attitudes attentistes et de dépendance, attitudes qui font justement que le superviseur réagit, menace et se rigidifie. Ce faisant, l'apprenant est loin et peu préoccupé par son propre potentiel à développer. Si, par ailleurs, il a *du caractère,* la radicalisation du superviseur éveillera en lui opposition, contestation et révolte et, par ces attitudes néo-adolescentes, il aura beau jeu de mettre en échec le superviseur, surtout s'il perçoit les doutes et les remises en question de celui-ci face à son incarnation du modèle proposé. Cet apprenant prendra alors mille et un détours pour lui rappeler cette inadéquation.

c) À long terme

Ainsi, à mi-chemin dans le processus de supervision, chacune des parties impliquées revendiquera et souhaitera une situation plus viable qui s'articule autour de ce que l'un et l'autre nomment des *feedbacks positifs,* ou rétroaction positive. Du même coup, feedbacks et rétroactions se transforment en *renforcements positifs,* tels que décrits par les premiers behavioristes. Mais ces mêmes behavioristes ont toujours démontré que les renforcements appellent l'homéostasie, la conformité, la normalisation, bref l'harmonie par rapport à un système fermé.

Si, en soi, cette dernière situation est consistante puisque renforcement et système fermé vont de pair, elle s'oppose et tue abruptement le modèle de communication dont s'inspirait initialement le paradigme *rétroaction.* En effet, feedbacks et rétroactions sont des concepts spécifiques au modèle de communication[2].

Par ailleurs, le passage de la rétroaction au renforcement pur et simple signifie, à mon avis, la rupture avec les forces créatives et imaginaires, les solutions innovatrices aux problèmes, le ressourcement mutuel des parties, bref l'épanouissement personnel inhérent à un système ouvert. C'est pourquoi il importe d'examiner de plus près ce paradigme basé sur la rétroaction, surtout du fait qu'il est, de

---

2. Moles, A., *La communication et les mass média,* Paris, Marabout, 1973.

nos jours, celui le plus souvent prisé et adopté en supervision.

Second regard sur le paradigme rétroaction en supervision

Il y a une décennie déjà, Powers[3] rappelait que la rétroaction n'est efficace que si elle est négative. En effet, qui souhaiterait que le voyant lumineux de sa voiture (faisant office de témoin) lui rappelle constamment et ostensiblement que sa portière est verrouillée ou que son niveau d'huile est adéquat? Ce que l'on veut d'un témoin, c'est qu'il nous avertisse seulement lorsque quelque chose ne va pas.

Au plan humain cependant, lorsque la rétroaction est surtout — ou toujours — négative, elle provoque les sentiments, attitudes et comportements décrits plus haut lors de l'examen du premier paradigme basé sur la rétroaction et qui peuvent se résumer par les mots *inconfort* et *déception,* mais pour des raisons fort différentes selon que l'on soit superviseur ou apprenant. Cela est dû — à mon sens — au fait que ce premier paradigme, pourtant basé sur un modèle de communication, néglige totalement le corollaire de la rétroaction qui est l'autodévoilement.

À l'aide de carrés, Luft[4] a très bien démontré la complémentarité nécessaire entre la rétroaction et l'autodévoilement (revoir l'unité VI du chapitre précédent).

---

3. Powers, W., *Behavior: The Control of Perception,* Chicago, Aldoni Publication, 1973.
4. Luft, J., *Introduction à la dynamique des groupes,* Paris, Privat, 1968.

		APPRENANT Connu	APPRENANT Inconnu
SUPERVISEUR	Connu	I — aire libre	II — aire aveugle
SUPERVISEUR	Inconnu	III — aire secrète	IV — aire inconnue

Figure 1. Fenêtre de Johari proposée par Luft pour représenter les sortes de savoir et d'activités interpersonnelles (adaptation de l'auteur).

Je m'attarderai un instant à résumer ces travaux et surtout à les adapter à la supervision. Comme l'indique la figure 1, inspirée de Luft, le superviseur sait des choses d'un apprenant parce qu'il les a lues dans son dossier, que l'apprenant les lui a révélées (aire libre) ou qu'il interprète des indices provenant de l'apprenant et de ses actions (aire aveugle). En revanche, de par l'absence d'une ou de plusieurs sources de savoir, le superviseur ignore bien des choses sur l'apprenant (aires secrète et inconnue).

Du côté de l'apprenant, il y a en lui des choses dont il est conscient. Parmi celles-ci, certaines sont connues du superviseur (aire libre), d'autres ne le sont pas (aires secrète et inconnue). En revanche, par rapport à lui-même, bien des choses échappent à cet apprenant parce que le temps ou l'occasion d'en prendre conscience ne sont pas encore venus, ou que des mécanismes de défense l'empêchent de faire cette conscientisation, etc. (aires aveugle et inconnue).

La connaissance et l'ignorance du superviseur par rapport à l'apprenant et de l'apprenant par rapport à lui-même forment quatre quadrants que Luft surnomme la *fenêtre de*

Johari. Comme l'indique la figure 1, ces quadrants représentent quatre aires de savoir et d'activités interpersonnelles.

Toute interaction humaine vise à maintenir, et surtout à élargir l'aire I au détriment des autres aires; sinon, c'est la routine, la monotonie, la platitude. En revanche, toute interaction et toute communication profondes et satisfaisantes mènent vers l'aire inconnue via les aires secrète et aveugle. L'aire inconnue est souvent comparée à la partie immergée d'un iceberg. Or, c'est en agissant sur la partie visible (aires aveugle et secrète) que la nature, en particulier le vent, l'air et le soleil, parvient le mieux à faire émerger cette partie *inconnue*.

Ainsi, du point de vue de l'apprenant, l'aire I (libre) peut gagner du terrain sur l'aire II (aveugle) si le superviseur connaît et confie des choses à l'apprenant que ce dernier ignorait. Ce mécanisme se nomme justement la *rétroaction*. Par contre, pour réduire son aire III ou secrète au profit de l'aire I (libre), l'apprenant devrait révéler des choses connues de lui-même, mais ignorées du superviseur. Cela se nomme l'*autodévoilement*.

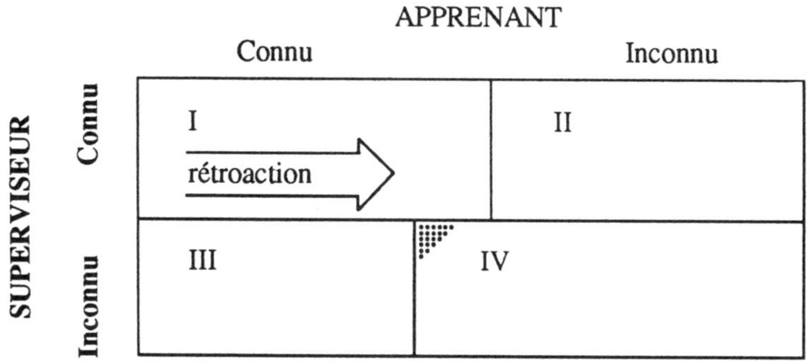

Figure 2. Représentation du paradigme de rétroaction en supervision.

Concernant ce même symbole graphique, on constate que le premier paradigme de supervision mène à la situation présentée à la figure 2. Ici, par l'utilisation systématique de la rétroaction, le superviseur tente et quelquefois réussit à élargir l'aire libre au détriment de l'aire aveugle exclusivement.

Mais les travaux de Luft permettent de conclure que, lorsque la *croix* centrale des battants de la fenêtre est inégale ou rompue — comme c'est le cas dans la figure 2 —, il y a tension (représentée par des pointillés), et les mécanismes de défense, surtout ceux de l'apprenant, sont ainsi activés, engendrant la situation précaire et conflictuelle décrite plus haut en référence au premier paradigme. Il est alors peu probable que l'une ou l'autre des parties, et encore moins les deux, aient accès au quadrant IV. Or, rappelons-le, toute interaction et communication qui se veulent significatives visent à réduire l'aire inconnue!

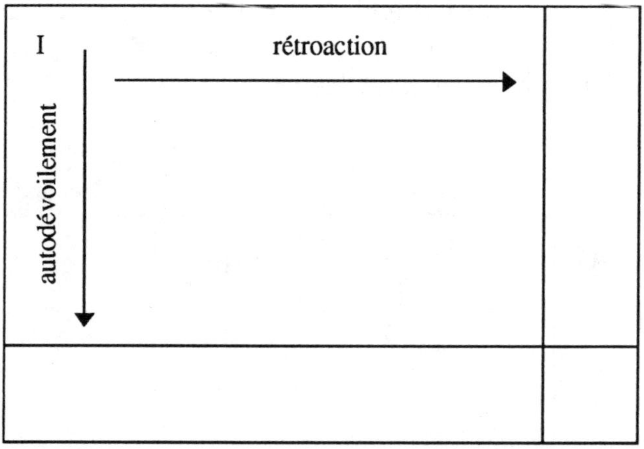

Figure 3. Complémentarité de la rétroaction et de l'autodévoilement dans une problématique de communication idéale.

Cela n'est vraiment possible que lorsque la rétroaction et l'autodévoilement interagissent ensemble et se complètent mutuellement, comme le démontre la figure 3.

Si l'interaction caractérise le plus cette complémentarité, Luft fait également ressortir l'importance de la rendre publique. Il ne suffit pas de s'autodévoiler à une personne qui nous fournira de la rétroaction sur cet autodévoilement, sans quoi l'accès à l'aire inconnue reste fermé. Et il en est ainsi pour la rétroaction... En supervision, ce constat prend une importance capitale, comme on le verra plus loin.

Enfin, à la suite de ses études, Luft conclut que, contrairement à l'opinion populaire, la voie la plus sûre vers l'aire inconnue part de l'aire libre, emprunte d'abord l'aire secrète et passe ensuite par l'aire aveugle, ce qui revient à dire que l'autodévoilement doit précéder la rétroaction.

Une autre possibilité: la supervision basée sur le paradigme d'autodévoilement

À la lumière de ce qui vient d'être dit, et quoique plus conforme aux règles de la communication — puisqu'il emprunte d'abord l'autodévoilement —, il est facile de conclure qu'un paradigme de supervision basé exclusivement sur l'autodévoilement mènerait à des impasses comparables à celles décrites plus haut. De fait, la situation engendrée et représentée par ce deuxième paradigme (voir figure 4) serait l'inverse du paradigme précédent. Il conduirait de part et d'autre à l'indifférence, au laisser-aller, au laisser-faire. Il y aurait rupture des interactions et de la communication, négation mutuelle; bref, deux solitudes. Certains auteurs ont voulu décrire cet état de fait comme de la non-directivité, mais, ce faisant, ils démontraient leur incompréhension des travaux de Rogers, père de cette terminologie. Récemment, Salomé[5] le rappelait: pour se connaître, l'introspection et l'autodévoilement ne suffisent pas; un autre doit nous parler!

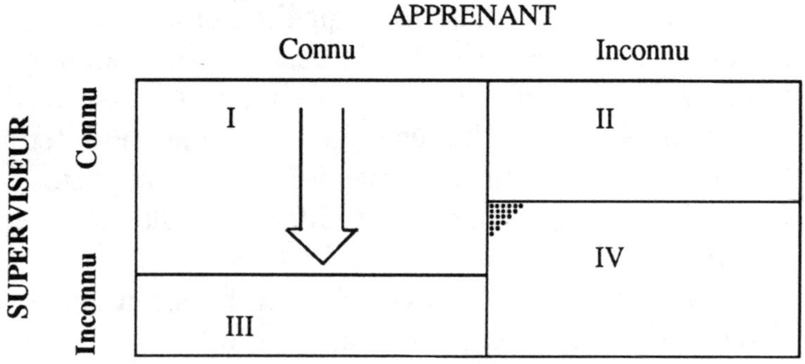

Figure 4. Représentation du paradigme d'autodévoilement en supervision.

Vers un nouveau paradigme en supervision basé sur l'autodévoilement dans un contexte de communication

L'analyse des deux premiers paradigmes permet d'abord d'identifier leurs lacunes et leurs impasses et ensuite de proposer des éléments de solution. En fait, cette analyse conduit à un nouveau paradigme en supervision, basé sur l'autodévoilement dans un contexte de communication, c'est-à-dire dans un contexte où l'autodévoilement est suivi et complété par de la rétroaction.

Examinons en premier lieu les caractéristiques de ce troisième paradigme pour ensuite s'attarder à son application.

5. Salomé, J., *Parle-moi, j'ai des choses à te dire*, Montréal, Éditions de l'Homme, 1982.

Caractéristiques du nouveau paradigme

À la lumière des travaux de Luft, la supervision devra d'abord stimuler l'autodévoilement de l'apprenant, pierre angulaire de ce nouveau paradigme.

Une fois l'autodévoilement amorcé, vient ensuite la rétroaction, laquelle est en lien direct — et donc encadrée et limitée par cet autodévoilement. Dans ce cadre-ci, la rétroaction sert uniquement à faire intégrer l'information *(information processing)* émise par l'apprenant lors de son autodévoilement *(information giving)*[6].

Comme la source première d'information est maintenant l'apprenant — et non plus le modèle — et comme la tâche du superviseur est de faire évoluer cet apprenant, un climat de collaboration et même d'entraide s'instaure. *«Tu as ce dont j'ai besoin pour faire mon travail avec toi.»*

Par ailleurs la fenêtre de Johari révèle que la rétroaction provient toujours de l'autre, ici du superviseur. Aussi, en plus de faciliter l'autodévoilement, la rétroaction est une occasion pour le superviseur de s'impliquer avec ses points de vue, valeurs et convictions, non à titre de modèle ou de standard, mais à titre de *rétroacteur*. Idéalement, la rétroaction faite pour un autre n'est-elle pas empreinte d'autodévoilement? Ce qui est clair cependant, c'est que, dans un contexte de supervision, cet autodévoilement du superviseur doit s'insérer dans le mécanisme de rétroaction.

Implications de ce nouveau paradigme en supervision

Comme pour les précédents, j'aborderai les implications de ce nouveau paradigme en examinant tour à tour la relation, la position du superviseur et la position de l'apprenant.

---

6. Hollis, J.L., *Personalizing Information*, Don Mills, Collier-MacMillan, 1969.

a) La relation de supervision

Dans ce nouveau paradigme, la distance hiérarchique entre le superviseur et l'apprenant est réduite au minimum au point de devenir de l'entraide. Il y a donc rapprochement entre les deux parties sans qu'il y ait nivelage. Chacun conserve son rôle, son statut, sa tâche, sauf que, pour jouer ce rôle, actualiser ce statut et réaliser cette tâche, l'un a absolument besoin de l'autre. Et comme l'apprenant peut aborder son stage ou sa pratique avec toute sa personnalité, son potentiel, son dynamisme et sa fraîcheur, il est du même coup enrichissant — voire ressourçant — pour le superviseur. En contre partie, l'expérience de celui-ci donne à l'apprenant l'occasion d'élargir son répertoire de perceptions et d'interventions. C'est l'entraide dans toute sa richesse.

b) La position du superviseur

— Dans ce paradigme, le superviseur devient un accompagnateur lucide et vigilant.
— Il découvre que, paradoxalement, en misant sur l'optimalisation de la démarche réflexive de l'apprenant, celui-ci s'approche beaucoup plus que ne le faisaient les apprenants précédents sous l'ancien paradigme de ce que lui — superviseur — considère comme l'idéal.
— Il découvre et s'enrichit en même temps que l'apprenant[7].
— Parce qu'il n'a pas à être et à défendre un modèle, il peut se donner un droit d'exister comparable à celui donné à l'apprenant.

---

7. Kagan ajoute que si le rôle du thérapeute est de découvrir un peu avant le client afin de préparer celui-ci à ladite découverte, le rôle d'investigateur ou de superviseur est de découvrir en même temps que le client. Kagan, N., «Influencing Human Interaction» dans *Conseiller Canadien*, 9 (2), 1975.

– Ainsi, la tâche d'évaluer apparaît à chacune des parties comme normale et, logiquement, devrait se faire conjointement.

c) Position de l'apprenant

Le paradigme proposé donne à l'apprenant toute la place nécessaire pour rejoindre son potentiel afin d'être optimalement lui-même et d'atteindre une cohérence personnelle et professionnelle.

Si ce paradigme donne droit à l'erreur, il fournit également l'espace-temps pour analyser cette erreur afin qu'elle ne se reproduise pas bêtement. L'agir ne suffit pas pour apprendre. Il faut en plus réfléchir sur cet agir. L'apprenant est constamment stimulé vers le risque, le défi et le dépassement, mais pas au-delà de son évolution et de son potentiel.

Opérationnalisation du nouveau paradigme

Afin d'appliquer ce nouveau paradigme, des structures et des moyens doivent être mis en œuvre avec des buts bien précis. Cinq de ces moyens me semblent essentiels.

Introduction d'un «objectivateur»

Le but de l'*objectivateur* est de transmettre les faits et gestes, qu'ils soient présents ou absents. Il se limite au factuel, à l'observable sensoriellement. Et, dans la ligne de Lewin[8], je crois que la communication doit toujours être basée sur les sens.

Dans le cadre de la supervision, cet objectivateur servira à stimuler l'autodévoilement de l'apprenant. Quelquefois même, il deviendra source de rétroaction! Or, l'enre-

---

8. Lewin, K., *Psychologie dynamique*, Paris, PUF, 1944.

gistrement sonore et surtout magnétoscopique d'actions précises de l'apprenant constitue l'objectivateur par excellence pour une supervision. Ici, le proverbe «une image vaut mille mots» prend tout son sens.

Introduction d'une grille d'exploration

La supervision n'est pas une thérapie. Si cette dernière nécessite une analyse en profondeur souvent décrite par des mesures graduées à plusieurs niveaux[9], la supervision appelle plutôt une analyse horizontale. Comme c'est explicitement le cas dans les retours assistés avec un investigateur.

Dans une intervention quelconque, il y a l'*intervenant* — ici l'apprenant — et l'autre partie que j'appellerai le *client,* mais en donnant à ce mot un sens large.

Une analyse horizontale peut porter sur les pensées (P) (mots, expressions, fantaisies, etc.), les sentiments face à soi et face à l'autre (S) et les gestes (verbaux, non verbaux, etc.) de l'une ou l'autre des parties (G), ici de l'apprenant (A) ou de son client (C) (ou d'un groupe de clients telle une classe). Cela constitue une grille à six aires d'exploration telle que celle présentée dans la figure 5. J'ai pris l'habitude de surnommer cette grille le «tic tac toe» pour les Québécois ou le «morpion» pour les Européens.

9. Auger, L., *Communication et épanouissement personnel,* Montréal, Éditions de l'Homme, 1972; Carkhuff, R., *Helping Human Relatives,* vol. I et II, Montréal, HRW, 1969.

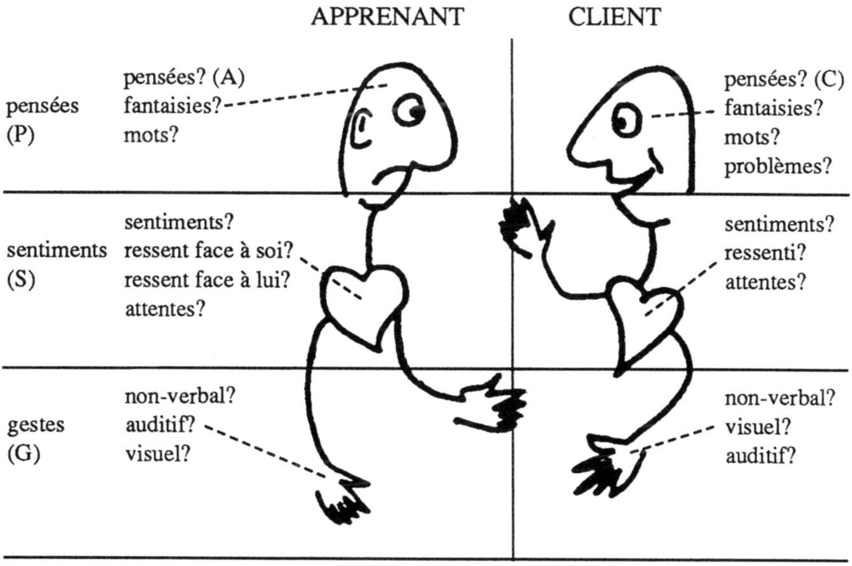

Figure 5. Aires d'exploration dans le tic tac toe ou morpion.

Lorsque, en supervision, l'apprenant fait un autodévoilement, il suffit, dans un premier temps, au superviseur de situer l'essentiel de cet autodévoilement dans l'une des aires du *tic tac toe/morpion* et ensuite de le questionner sur quelques autres aires, une à la fois bien sûr et généralement une seule fois pour chacune des aires puisqu'il s'agit d'une exploration horizontale. Au chapitre précédent, j'ai présenté cette procédure comme étant une *investigation* faite par un *investigateur*.

Création d'un espace-temps où se rencontrent l'apprenant, le superviseur et l'objectivateur

Cet espace-temps ou tout simplement cette séance de supervision devra inclure trois étapes.

a) L'introduction

Lors de l'introduction, le contact est établi entre l'apprenant, le superviseur et l'objectivateur. De plus, les règles du jeu sont clairement établies. Par exemple, le superviseur précisera:

— que l'enregistrement apporté par l'apprenant sera le corpus de cette séance de supervision, donc de focaliser sur le *là et jadis*[10];
— qu'il ne travaillera qu'à partir des autodévoilements que l'apprenant voudra bien lui faire à partir des séquences visionnées et que, en conséquence, plus il sera actif, plus la supervision lui sera profitable;
— que c'est à l'apprenant de choisir les séquences sur lesquelles il désire s'autodévoiler;
— qu'il utilisera une grille d'exploration visant à lui faire examiner ses propres pensées, sentiments et gestes ainsi que les pensées, sentiments et gestes du client;
— qu'il lui arrivera, surtout lors de la synthèse, à la troisième étape, de partager ses points de vue afin de permettre à l'apprenant de mieux s'explorer;
— qu'il invitera l'apprenant à faire une synthèse et à dégager un même plan d'action.

Dans les séances de supervision ultérieures, cette introduction servira surtout à se rappeler mutuellement le contenu du mini-plan d'action élaboré lors de la troisième partie de la séance précédente.

10. Autre différence d'avec la thérapie. Dans celle-ci, le *ici et maintenant* est fondamental, alors qu'en supervision le *là et jadis* est tout à fait adéquat, sauf pour le plan d'action.

b) Le retour assisté

Après quoi, l'apprenant et le superviseur visionneront l'enregistrement ou, mieux encore, les segments que l'apprenant a retenus lors d'un visionnement préalable. Il se peut que celui-ci n'ait retenu que quelques segments en essayant de cacher un point faible ou en espérant apparaître adéquat aux yeux du superviseur. Ainsi, fort subtilement, il s'autodévoile. Quoi qu'il en soit, les segments retenus méritent attention, et chaque segment est un reflet plus ou moins juste du tout. La répétition des *thèmes* dégagés des segments éliminera tout doute d'ailleurs!

Après le visionnement d'un segment, lorsque l'apprenant arrête l'appareil et fait un premier commentaire, le superviseur se sert de la grille pour situer ce commentaire. Après quoi, tout en restant centré sur le segment visionné, donc encore une fois sur le *là et jadis,* il fait explorer quelques autres aires par l'apprenant.

Si, par exemple, en se référant à la figure 5, le premier commentaire de l'apprenant porte sur ses sentiments vécus au moment *du segment* (AS), le superviseur peut lui poser l'une ou l'autre des questions suivantes ou encore quelques-unes d'entre elles:

— Comment ce sentiment affectait-il tes agissements? (AG)
— Selon toi, en regardant ce segment, crois-tu que ton client percevait ton ressenti? (CP)
— Y a-t-il des signes qui te permettent de penser ainsi? (CG)
— À quoi pensais-tu à ce moment-là? (AP)
— Et ton client, que pouvait-il ressentir? (CS)

La pratique amène à la conclusion que lorsque deux ou trois autres aires ont été explorées, l'apprenant a fait le tour dudit segment et qu'un autre segment peut alors être visionné. Cette démarche segment par segment est donc une forme de micro-analyse.

De toute évidence, le but de cette deuxième étape est de stimuler l'autodévoilement chez l'apprenant en y introduisant d'une part l'objectivateur et d'autre part la grille. Celle-ci en particulier fournit pour ainsi dire une rétroaction technique, c'est-à-dire centrée sur le processus même d'analyse, assurant ainsi l'interaction entre autodévoilement et rétroaction.

c) La synthèse et le plan d'action

Une fois le retour assisté terminé — que notre expérience fait durer entre trente et quarante minutes et porter sur trois à six segments —, le temps est venu de faire une synthèse; en d'autres mots, une macro-analyse de ces segments et de leur visionnement assisté.

L'apprenant est alors invité à résumer les prises de conscience faites au cours du retour assisté et à en dégager le (les) grand(s) thème(s). Comme cette opération se fait ici et maintenant, il sera invité à le faire au présent.

À ce nouvel autodévoilement, le superviseur peut encore réagir en utilisant la grille, mais cette fois au présent. C'est aussi le bon moment pour lui de faire de l'autodévoilement, par exemple, en partageant ses accords, convictions et interrogations face à ce dernier autodévoilement de l'apprenant. Non pas dans le but de s'imposer en modèle, mais dans le seul but d'aider l'apprenant à voir clair et à se positionner.

Cette synthèse se termine par un mini-plan d'action (ou mini-contrat) précisant les actions à entreprendre d'ici la prochaine séance de supervison. Ces actions devront être factuelles et observables, et limitées dans le temps et l'espace, sinon elles ne seront que vœux vagues ou pis encore des objectifs irréalistes. Ce mini-plan d'action sera d'ailleurs rappelé au début de la séance de supervision suivante et en sera son point de départ, assurant ainsi une trame commune à l'ensemble des séances de supervision.

Il est évident que cette troisième étape sert à faire émerger l'essentiel de la séance pour en déduire un mini-plan d'action. De plus, elle fournit une occasion idéale d'entraide entre apprenant et superviseur.

Redéfinition des fonctions du superviseur

Selon ce nouveau paradigme, les fonctions du superviseur consistent donc à:

- — assurer la présence de l'objectivateur;
- — assurer, lors des séances de supervision, une interaction publique entre l'objectivateur et l'apprenant en utilisant la grille proposée;
- — faire émerger l'essentiel du retour assisté et aider l'apprenant à en dégager un mini-plan d'action;
- — assurer le lien entre les séances en rappelant, lors des introductions, les plans d'action.

Redéfinition des fonctions de l'apprenant par rapport à la supervision

Du côté de l'apprenant, si l'on ne considère que l'aspect supervision, le nouveau paradigme suppose que l'apprenant:

— accepte de s'autodévoiler mais à son rythme;
— réagit activement et publiquement à l'objectivateur et aux questions exploratoires du superviseur;
— analyse et en dégage un mini-plan d'action;
— amorce ses séances de supervision en abordant son dernier plan d'action.

La supervision collective: une occasion d'entraide

La formation et la supervision des entraidants, comme des professionnels, se fait généralement en groupe. S'il fut un temps où les seules raisons justifiant cette modalité d'apprentissage étaient d'ordre économique et démocratique, on découvre de plus en plus[11] que le groupe — particulièrement le petit groupe — n'est pas seulement un cadre à l'apprentissage. Au contraire, du fait que le petit groupe active les phases d'homogénéisation et d'hétérogénéisation[12], du fait qu'il devient facilement un microcosme, du fait enfin qu'il rend présent le futur[13], le petit groupe constitue le support par excellence pour permettre aux membres d'atteindre leurs objectifs personnels et les objectifs du programme.

La chose est classique: en supervision, le groupe sert à faire des *études de cas*. Inspirée des facultés de médecine, l'étude de *cas* a tendance à abstraire le cas du client.

---

11. Je fais rérérence ici au courant surnommé l'*éducation psychologique*.
12. Clouzot, O. et Block, A., *Apprendre autrement*, Paris, Les éditions de l'organisation, 1981.
13. Limoges, J., *L'orientation et les groupes*, Saint-Laurent, Fides, 1989.

Dans cette même foulée, le *cas* devient le centre, l'intervenant passant en périphérie. La solution recherchée par l'étude de cas est celle qui répond le mieux au cas. Ultimement, il faudra imposer cette solution au client ou à son intervenant... Du point de vue de l'intervenant — ici appelé *supervisé* —, l'étude de «son» cas peut devenir une expérience gênante et irrespectueuse. Prenons comme exemple le fait de se faire imposer une solution de traitement incompatible avec ses valeurs, sous peine de se voir retirer le cas.

Un autre argument en ce sens vient du fait que lorsque les supervisions portent autant sur des interventions individuelles que groupales, l'expression supervision de groupe porte à confusion. Il faudrait alors distinguer en plus la supervision *en* groupe de la supervision *du* groupe, bref, pour son client ou pour lui-même, et à la limite violente. Par ailleurs, l'*étude de cas* est tellement associée à l'expression *supervision de groupe* que pour bien montrer ladite rupture avec celle-là, il a fallu trouver une nouvelle appellation.

Une meilleure compréhension du groupe[14], d'une part, et de l'entraide, d'autre part, transforme cet exercice en *supervision collective.* (Lhotellier préférerait le composé co-vision!)

Supervision parce que cet exercice, ainsi repensé, vise à donner une vision supplémentaire et quelque peu détachée émotivement du besoin ou du «cas» en question. Si le client est encore la cible, l'on focalisera sur l'apprenant, le cas échéant, le supervisé.

14. *Ibid.*

Le qualificatif *collective* est essentiel. Il signifie que toutes les parties — supervisé, investigateur, participants, client — sont liées et prises en compte.

Chacun des participants est invité à s'impliquer et à réagir, mais il doit le faire dans le but d'aider le supervisé, et à travers lui, son client. Il doit le faire en s'engageant personnellement à l'aide d'autodévoilements reliés au *factuel.*

Et comme *«deux têtes valent mieux qu'une»,* pour résoudre un problème en favorisant la rétroaction et l'autodévoilement, la supervision collective aide le supervisé à voir et à recevoir des points de vue fort différents[15]. Ainsi, il argumente sensiblement ses répertoires d'analyse, d'inférence et d'intervention.

Comme dans tout bon *retour assisté,* la supervison lui fait faire le point sur ses attitudes et comportements personnels et professionnels. J'aime redire à mes étudiants de maîtrise: *«Lorsque dans une situation vous n'avez qu'un choix d'action, cette action est certainement mauvaise.»* Je veux souligner par là que cette action risque d'être, pour cet apprenant, une routine, un stéréotype, un préjugé ou encore un mécanisme de défense. Le propre de l'intervenant compétent, surtout professionnel, c'est d'avoir en tout temps, même en situation aiguë, une alternative. Cet intervenant pourra alors choisir en toute liberté et en toute lucidité pour le plus grand bien de son client[16].

---

15. Robert Selman est sans doute l'un des auteurs qui a analysé le plus toutes les dimensions et tous les enjeux de la *prise de position.* Voir dans Limoges, J. et Hébert, R., *Développement en tête,* Sherbrooke, Les éditions du CRP, Université de Sherbrooke, faculté d'éducation, 1988.
16. J'ai le projet de rédiger un manuel sur l'intervention sociopsychologique en groupe.

Les modalités

La supervision collective reprend les mêmes modalités que celles énumérées dans la supervision individuelle et éventuellement dans le retour assisté avec un investigateur (voir l'unité III du chapitre précédent). Cela implique entre autres choses:

— l'usage d'un objectiveur;
— la présélection de segments par l'apprenant supervisé;
— la présence d'un investigateur;
— la présence du supervisé;
— éventuellement, la présence du client.

Pour la supervision collective s'ajoute une dimension importante, soit la présence des collègues du supervisé. Par rapport au *tic tac toe/morpion,* face aux situations observées, ces collègues ne sont ni intervenants ni clients. Donc, à première vue, il ne sont pas concernés, et leur présence, au point de vue de l'éthique, peut être remise en question. Pour devenir concernés — et c'est la fonction de la supervision collective —, ces collègues devront d'abord réagir à l'objectiveur, donc s'impliquer personnellement en abordant une des aires du *tic tac toe/morpion,* et tout en étant guidés par l'investigateur, ils devront par la suite explorer quelques autres aires en lien avec cet autodévoilement. Après quoi, libre à d'autres collègues participants et surtout au supervisé de réagir à ce même segment et ainsi confronter[17] leurs points de vue. Pour rester dans le *là et jadis,* tout doit porter sur l'extrait qui vient d'être visionné.

17. Je dis bien *confronter* qui présuppose faire avec la personne. À l'opposé, on retrouve *affronter*. Confronter est une habileté d'aide, affronter n'en est pas une.

Depuis quelques années, afin de m'assurer, d'une part, que le *supervisé* ne se laissera pas influencer par les réactions spontanées de ses collègues lors des visionnements (sourire, hochement de tête, expression de septicisme) et, d'autre part, que les collègues qui choisissent de s'autodévoiler sur un segment ne le fassent pas *in abstracto,* c'est-à-dire sans tenir compte du supervisé, je dispose le local selon le plan présenté dans la figure 6.

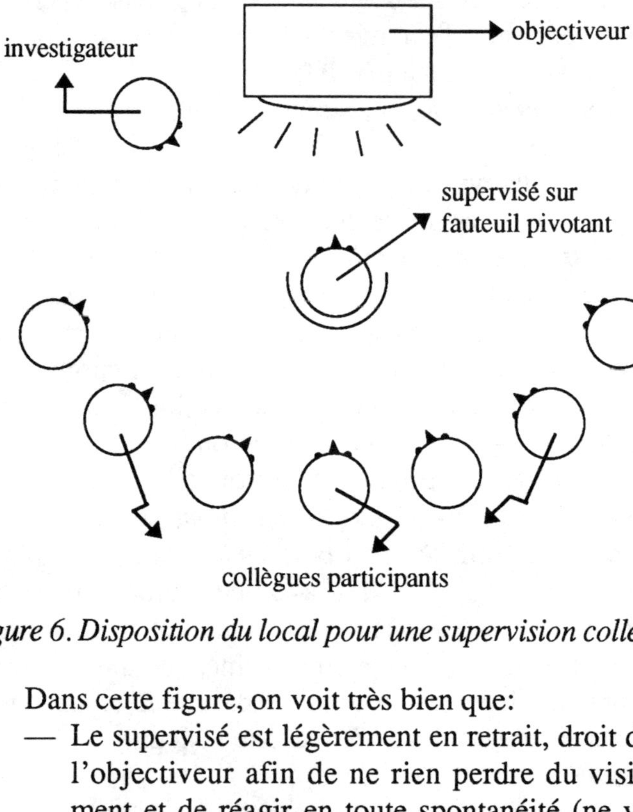

Figure 6. Disposition du local pour une supervision collective.

Dans cette figure, on voit très bien que:

— Le supervisé est légèrement en retrait, droit devant l'objectiveur afin de ne rien perdre du visionnement et de réagir en toute spontanéité (ne voyant pas le non-verbal de ses collègues). Un siège pivotant lui permet à l'occasion, lors de la synthèse, par exemple, de se retourner et d'être à nouveau en contact avec l'ensemble du groupe.

— L'investigateur regarde le supervisé et les collègues participants, prêt à arrêter le visionnement au moindre signal de l'une ou l'autre des parties pour faire une investigation de l'autodévoilement en question.

Sous l'effet des autodévoilements et des rétroactions, la configuration de la fenêtre de Johari se met alors à changer significativement pour ressembler de plus en plus à la figure 3 présentée plus tôt.

Procédure

a) En premier lieu, à l'aide de *synopsis,* le supervisé introduit globalement son client ou groupe et explique pourquoi il a retenu les segments en question.

Mon expérience m'amène à suggérer que cette introduction soit brève (ex.: dix minutes pour soixante minutes de supervision)[18]. Elle se termine en demandant au supervisé de nous guider en précisant ses attentes par rapport à cette supervision collective.

b) Le visionnement du premier segment s'amorce. Supervisé et collègues participants peuvent demander son arrêt afin de s'*autodévoiler* par rapport à un fait observable[19]! À l'aide de la grille, soit le *tic tac toe/morpion,*

18. Lorsque l'introduction se prolonge, inévitablement le supervisé doit s'engager, se compromettre, se justifier, paraître cohérent. Par la suite, ou bien le supervisé sera sur la défensive, se fermant à toute suggestion/perception venant des autres, ou bien devant la cohérence et la certitude du supervisé, les idées venant de l'extérieur ne seront pas perçues comme utiles ou désirées, déclenchant chez les collègues une certaine apathie. Dans les deux cas, la supervision collective risque de blesser et d'être conflictuelle.

19. Par antithèse, la dialectique nous a habitués à ce constat, l'absence de fait est un fait. Ainsi une *non-réponse* à une question est un fait observable.

l'investigateur encourage alors l'autodévoileur à explorer quelques autres aires. D'autres participants peuvent aussi réagir à ce même segment. On imagine facilement que cette expérience est souvent «dérangeante» pour le supervisé. Lui qui avait la certitude d'avoir fait ce qu'il fallait, qu'il n'avait pas le choix, voire qu'il avait bien fait, découvre soudainement qu'il y a autant de perceptions et d'interventions qu'il y a de participants, qu'un autodévoilement d'un collègue sur un petit fait non verbal, par exemple, vient remettre en question toute sa sécurité. Il en faudrait peu pour que le visionné se sente trappé, se mette sur la défensive et se justifie. Ce serait l'impasse et le durcissement dans la fenêtre de Johari.

C'est pourquoi, lorsque j'amorce une supervision collective, je m'attarde à faire expliciter un minimum de normes et à faire dégager un consensus là-dessus. L'une de ces normes est d'arriver en supervision collective avec l'attitude «Ah bon!» qui signifie une attitude d'accueil et de réception des points de vue des autres sans jamais s'obliger à les accepter à moins qu'ils ne soient pertinents pour soi.

c) Après quarante ou cinquante minutes de visionnement, le supervisé est invité à se retourner vers le groupe pour faire avec lui une synthèse et tirer un *mini-plan d'action.* Occasionnellement, le visionnement a suscité chez l'ensemble des participants des questions d'ordre théorique, pratique ou existentiel. Elles sont alors prises en compte *in abstracto,* comme dans les études de cas, le supervisé ayant reçu tout le soutien et l'entraide nécessaires[20].

---

20. Le *retour assisté,* surtout le *mutuel,* peut très bien s'appliquer à un groupe lors d'une résolution de problème.

Pour le démontrer, voici un exemple personnel. Un jour, une enseignante expérimentée et en fin de carrière me demande d'intervenir dans une de ses classes où elle a de gros problèmes d'indiscipline. J'accepte à condition de magnétoscoper cette classe à quelques reprises. Je l'informe même que, dès les premières fois, la présence de la caméra aura peut-être pour effet d'amplifier la situation, mais que ce sera temporaire. Et ainsi fut-il fait lors de la première visite. Pour les élèves, j'ai justifié ma présence en classe en disant faire un document sur les méthodes pédagogiques.

Dès ma deuxième visite, selon l'enseignante, les élèves ont démontré des comportements qu'elle jugeait répréhensibles: langage vert, gestes masturbatoires, etc.

Après quoi, dans un premier temps, à titre d'investigateur, j'ai visionné avec elle le vidéogramme en question. Stimulée par ce visionnement, elle m'a rendu public son désir d'apparaître jeune et d'être aimée par ses élèves ainsi que son regret d'être blessée par leurs comportements grossiers, de considérer ceux-ci comme des provocations sexuelles...

Après l'avoir accompagnée dans ses prises de conscience importantes, dans un second temps, je visionnai ce même vidéogramme cette fois avec les classes d'élèves sans leur enseignante. Le retour assisté a très vite éveillé chez plusieurs élèves un inconfort face à cette enseignante. «Pourquoi n'accepte-t-elle pas son âge? Elle se vêt comme une jeune aguicheuse. Alors on se comporte avec elle conformément à ça.»... «Je n'aime pas ma façon d'agir.»... «On a l'air d'une bande de petits cons.»

Troisième temps. Visionnement «mutuel» avec les deux parties, c'est-à-dire l'enseignante d'une part et la classe d'élèves d'autre part, conformément à la figure 6 et à la procédure présentée au chapitre VI dans la section supervision d'entraide.

Évidemment, à peine 20 p. 100 des autodévoilements et des rétroactions rendus publics dans les deux premiers retours assistés fut cette fois révélé. Mais ce fut suffisant pour régler le problème. L'enseignante accepta «d'habiter» son âge et de se positionner face aux comportements repréhensibles. Les élèves cessèrent de la voir, inconsciemment bien sûr, comme une «agace-pissette» et purent reconnaître et apprécier son dynamisme et sa compétence...

Conclusion

Dans une publication éventuelle, je compte bien analyser la supervision collective sous les angles formatif et groupal.

Pour le moment, il est indéniable que, ainsi conçue, la supervision répond à l'ensemble des tandems de l'entraide décrits précédemment, d'où l'expression *supervision d'entraide*. En effet, autant les collègues participants que le supervisé tirent profit de l'exercice, le supervisé étant ici en quelque sorte *l'aidé* et les collègues *l'aidant*. Mais il est indéniable que, déjà là, les collègues ont maintes occasions de consommer. Ils sont stimulés par les segments apportés par le supervisé, peuvent s'y projeter ou récupérer ses bons coups, ou encore éviter ses erreurs. Ils peuvent s'enrichir de son questionnement. (C'est pourquoi même un retour assisté avec l'investigateur seulement peut devenir une entraide.) Par ailleurs, comme à un autre moment ce sera un autre collègue qui prendra le fauteuil du supervisé, il y aura donc, dans le temps, encore de l'entraide.

Épilogue

Après plus de deux cents pages, y a-t-il lieu d'ajouter une conclusion générale? Faut-il résumer une étude qui elle-même fait le point sur l'état de dix ans d'entraide? Et, lorsqu'on n'est pas Nostradamus, peut-on prédire l'avenir?

Je me limiterai donc à souligner quelques indices révélateurs qui, à mon avis, pourront permettre de suivre l'évolution de l'entraide dans les années à venir.

— Certaines structures actuelles d'entraide ressemblent de plus en plus aux structures professionnelles. Risquent-elles de vivre les mêmes enjeux que celles-ci? Affronteront-elles le stade de la désinstitutionnalisation-déprofessionnalisation?

— La dynamique des dernières décennies en faveur de la consommation, du confort et du particularisme approche l'inertie. À preuve, les livres sur la pauvreté volontaire, l'harmonisation écologique, les effets bienfaisants du don de soi et sur la nature groupale de l'homme garnissent de plus en plus le rayon des nouveautés. Quel sera l'impact de cette transition sur l'entraide?

— Des nouvelles formes d'entraide se consolident: je pense à *Parents-secours,* à *Protection de quartier,* je pense aussi à la reprise des *fêtes de rues,* à la prise en charge par les citoyens d'un parc de quartier trop longtemps négligé par les autorités municipales.

— Enfin, verrons-nous les groupes de quatrième génération annoncés plus tôt?

À la prochaine décennie de le dire.

APPENDICE I

Supports technologiques pour le Programme d'amélioration de la relation d'aide (PARA)

Rappel

Le programme PARA porte sur l'acquisition des attitudes et habiletés de base en relation d'aide telles:

a) la capacité de comprendre clairement ce qu'une personne dit, directement et indirectement, sur le plan cognitif et affectif;
b) la capacité de mieux reconnaître et d'identifier l'impact qu'une autre personne a sur soi;
c) la capacité d'échanger ses découvertes sur soi-même et sur les autres.

La méthodologie qui sous-tend ce programme s'inspire de la psychologie perceptuelle et de la prise successive des rôles inhérents à la relation d'aide. Le tout est micro-gradué grâce à des unités d'apprentissage telles qu'explicitées dans *S'entraider.*

Le matériel de soutien décrit plus bas veut renforcer l'une ou l'autre de ces unités. Actuellement, il comprend un volume, un film et cinq vidéogrammes.

En voici une description.

a) Le volume *S'entraider,* par Jacques Limoges (vous le tenez présentement entre vos mains!). Le chapitre V présente le programme en question.

b) *Stimulinteraction*
Film couleur et sonore comprenant 68 vignettes ou segments d'interaction. L'un des membres de cette interaction est remplacé par le spectateur. Certains figurants utilisent des expressions typiquement québécoises. Film 16 mm de 32 min (deux parties). 700 $
Renouvellement de la copie au prix coûtant lorsque la première nous est retournée à cause de l'usure.
Droits de reproduction d'une copie vidéo à la suite de l'achat de ce film: 200 $
N.B. Ce film est disponible pour prêt et location dans plusieurs audio-vidéothèques collégiales et universitaires du Québec. (Également disponible en Belgique, en France et en Suisse.)

c) *Stimulinteraction en soins infirmiers*
Vidéogramme couleur comprenant 38 vignettes ou segments d'interaction dans un contexte hospitalier par D. Paul et D. Saint-Cyr Tribble. Durée de 13 min 45 s.

d) *Stimulinteraction: Mise en application*
Vidéogramme couleur démontrant l'utilisation de matériel de stimulation tel que le film et le vidéo *Stimulinteraction.* Durée de 32 min 30 s.

e) *Le rôle d'investigateur*
Vidéogramme couleur illustrant le rôle d'investigateur, c'est-à-dire d'observateur actif d'une relation d'aide. Durée de 36 min 40 s.

f) *Le rôle d'aidant*
Vidéogramme couleur démontrant l'utilisation des quatre habiletés d'aide de base: exploratoire, écoute, affective et identification honnête. Durée de 29 min 20 s.

g) *Le retour assisté mutuel*
Vidéogramme couleur regroupant l'aidé et l'aidant qui les montre dans une analyse rétrospective d'une séance de relation d'aide. Durée de 37 min 50 s.

h) *La supervision collective*
Vidéogramme couleur (en préparation).

PRIX DES VIDÉOGRAMMES

❑	Cassette 3/4	140 $
❑	Cassette VHS	120 $
❑	Droits de reproduction	100 $
❑	Location (sur demande)	

Ces prix ne comprennent ni les taxes ni les frais d'expédition, et sont sujets à changement sans préavis.
Les profits vont à un fonds de recherche visant à développer le programme en question.

Pour de plus amples informations, communiquez avec:
Jacques Limoges, professeur
Fonds Stimulinteraction
Faculté d'éducation
Université de Sherbrooke
Sherbrooke (Québec) J1K 2R1
(819) 821-7459 ou (819) 821-7445

APPENDICE II

Atelier de perfectionnement pour intervenants désireux de s'adjoindre des entraidants qualifiés

Sommaire

Clientèle visée

Intervenants auprès de jeunes ou d'adultes désirant implanter un service d'entraide qualifiée dans leur milieu. (L'accent est mis plus ou moins sur la spécificité vocationnelle selon les besoins des participants.)

Objectif général

Familiariser les participants aux principes d'entraide et d'entraide qualifiée afin qu'ils soient en mesure de s'impliquer dans une structure d'entraide propre à leur milieu respectif.

Profil de l'atelier

L'agencement des modules

Le perfectionnement des intervenants participants est articulée sur une période d'environ quarante-cinq heures. Il se divise en trois modules (module de positionnement, module de formation des entraidants et module organisationnel) qui peuvent être agencés à la discrétion du formateur ou selon les besoins des participants.

Exemples d'agencement des modules

— Positionnement-formation-organisationnel: pour les intervenants peu sensibilisés à l'entraide qualifiée, mais qui désirent réfléchir aux implications et aux formes d'intégration.

— Formation-organisationnel-positionnement: pour les intervenants déjà sensibilisés à l'entraide qualifiée qui désirent recevoir la formation nécessaire pour instaurer un tel service et qui pourraient se positionner sur leur rôle d'intervenant face à l'entraide.

— Organisationnel-formation-positionnement: pour les administrateurs qui désirent recevoir plus d'information sur l'organisation d'un tel service. Ici, les deux derniers modules sont abordés globalement.

Le format

Cet atelier de perfectionnement peut se donner de façon intensive. Une telle modalité permet aux participants de se lier et d'établir une complicité dans l'apprentissage. Elle permet de plus une optimalisation de la dynamique du groupe. En revanche, elle ne permet guère des temps de lecture, de réflexion ou de validation de la réalité dans leur milieu.

Par contraste, cet atelier d'une durée de quarante-cinq heures s'articule bien sur la modalité du cours universitaire, c'est-à-dire trois heures par semaine pendant quinze semaines. Pour être bref, cette deuxième modalité occasionne des effets inverses à la modalité précédente, c'est-à-dire qu'elle réduit au minimum l'intensité de la dynamique de groupe, mais augmente au maximum les temps de lecture, réflexion et validation.

C'est pourquoi une modalité médiane, c'est-à-dire semi-intensive, comme par exemple deux jours par semaine pendant un mois ou une semaine d'intervalle entre les modules, serait souhaitable lorsque la chose est possible.

Contenu

Module de positionnement

Objectif

Acquérir des connaissances sur l'entraide et sur l'entraide qualifiée et se positionner par rapport à une structure d'entraide.

Contenu

— Moi... et mes clients: ma perception d'eux, mon niveau de compréhension et d'engagement auprès d'eux, mes relations, mon vécu actuel face à eux.

— Moi... en tant que professionnel: ma philosophie professionnelle par rapport à la collaboration et à l'accueil-référence.

— L'impact possible sur ma tâche: la nouvelle organisation de mon travail, les exigences d'une structure d'entraide en termes d'implication.

Méthodologie

— Informations générales sur l'entraide et l'entraide qualifiée.

— Moi... et mes clients: peut être présenté sous forme de clarification des valeurs et de discussions dirigées où les participants confrontent leurs perceptions avec la réalité de l'entraide. Également de réactions à des témoignages de clients.

— Moi... en tant que professionnel: peut être présenté sous forme de mises en situation et de clarification des valeurs. Les participants revoient leurs valeurs professionnelles à partir des insatisfactions, la perception de leur développement de carrière. Confrontation des valeurs professionnelles face à une structure d'entraide qualifiée.

— L'impact possible sur ma tâche: puisque la situation est «hypothétique», on peut demander aux intervenants d'illustrer à l'aide d'exercices de créativité ou de projection comment ils se perçoivent en tant qu'intervenants dans un tel service. Il s'agit pour eux de faire ressortir leurs craintes, leurs exigences, leurs satisfactions, etc. Cet exercice sera suivi d'un partage qui pourra permettre au formateur de compléter les informations reçues sur un service d'entraide qualifiée.

Durée

Environ dix heures.

Module de formation

Objectif

Se familiariser avec les composantes d'un programme de formation d'entraidants qualifiés.

Contenu

— Objectifs d'un programme de formation d'entraidants qualifiés.
— Cadre théorique et appliqué sous-jacent à une structure d'entraide qualifiée et à un programme de formation.
— Contenu d'un programme de formation d'entraidants qualifiés (habiletés de base, fonctions éthiques).

Méthodologie

— Simulation d'un programme de formation d'entraidants qualifiés: faire vivre le programme de formation aux participants tout en intégrant les différentes composantes théoriques et appliquées sous-jacentes au programme.
— Retour sur les activités et suggestions.

Durée

Environ vingt-cinq heures.

Cet atelier de perfectionnement peut se donner sur mesure à la demande d'un groupe d'intervenants. Par ailleurs, il se donne annuellement à l'Université de Sherbrooke, en cours d'été, les trois lundis et mardis précédant la Saint-Jean-Baptiste (24 juin).

Pour informations supplémentaires et inscription, écrivez au:

Secteur orientation professionnelle
Faculté d'éducation
Université de Sherbrooke
Sherbrooke (Québec)
J1K 2R1
(819) 821-7445

Module organisationnel

Objectif

Maîtriser les différentes étapes d'implantation, de maintien et de suivi d'un service d'entraide.

Contenu

— Analyse des modalités d'application selon le type de milieu.
— Recrutement: Qui recruter? Comment recruter? Quand recruter?
— Aspect matériel.
— Réalisation de la formation des entraidants qualifiés: lieu-temps-horaire.
— Publicité/information du service d'entraide qualifiée.
— Encadrement des entraidants qualifiés.
— Évaluation du service d'entraide qualifiée.

Méthodologie

— Présentation de différentes alternatives d'application du service d'entraide vocationnelle et des conséquences qui en découlent.

— En petits groupes, les participants élaborent une démarche d'implantation où chacun des aspects de l'implantation est étudié. Les groupes peuvent être divisés selon leurs affinités ou les ressemblances au milieu d'application.
— Test de réalité et de faisabilité ou encore de mise en marché. Présentation (ex.: sous forme de conférence de presse) des projets d'implantation par les équipes. Questions et critiques.
— Proposition d'un suivi pour les projets d'implantation du service d'entraide qualifiée.
— Application des techniques de l'incident critique et de l'étude de cas.

Durée

Environ dix heures.

Cet atelier se donne habituellement à l'Université de Sherbrooke en cours d'été les trois lundis et mardis précédant la fête de la Saint-Jean-Baptiste (24 juin).

Pour informations: (819) 821-7445.

Table des matières

LES ÉDITIONS DE L'HOMME

Ouvrages parus aux Éditions de l'Homme

Affaires et vie pratique

30 jours pour mieux organiser, Gary Holland
Acheter et vendre sa maison ou son condominium, Lucille Brisebois
*** Acheter une franchise,** Pierre Levasseur
*** Les assemblées délibérantes,** Francine Girard
*** La bourse,** Mark C. Brown
Le chasse-insectes dans la maison, Odile Michaud
*** Le chasse-insectes pour jardins,** Odile Michaud
Le chasse-taches, Jack Cassimatis
*** Choix de carrières — Après le collégial professionnel,** Guy Milot
*** Choix de carrières — Après le secondaire V,** Guy Milot
*** Choix de carrières — Après l'université,** Guy Milot
*** Comment cultiver un jardin potager,** Jean-Claude Trait
Comment rédiger son curriculum vitæ, Julie Brazeau
*** Comprendre le marketing,** Pierre Levasseur
Des pierres à faire rêver, Lucie Larose
*** Devenir exportateur,** Pierre Levasseur
L'étiquette des affaires, Elena Jankovic
*** Faire son testament soi-même,** Me Gérald Poirier et Martine Nadeau Lescault
Les finances, Laurie H. Hutzler
Gérer ses ressources humaines, Pierre Levasseur
Le gestionnaire, Marian Colwell
La graphologie, Claude Santoy
*** Le guide complet du jardinage,** Charles L. Wilson
Le guide de l'auto 91, Denis Duquet et Marc Lachapelle
Guide du savoir-écrire, Jean-Paul Simard
*** Le guide du vin 91,** Michel Phaneuf
*** Le guide floral du Québec,** Florian Bernard
Guide pratique des vins de France, Jacques Orhon
J'aime les azalées, Josée Deschênes
*** J'aime les bulbes d'été,** Sylvie Regimbal
J'aime les cactées, Claude Lamarche
*** J'aime les conifères,** Jacques Lafrenière
*** J'aime les petits fruits rouges,** Victor Berti
J'aime les rosiers, René Pronovost
J'aime les tomates, Victor Berti
J'aime les violettes africaines, Robert Davidson
J'apprends l'anglais..., Gino Silicani et Jeanne Grisé-Allard
Le jardin d'herbes, John Prenis
Je me débrouille en aménagement intérieur, Daniel Bouillon et Claude Boisvert
*** Lancer son entreprise,** Pierre Levasseur
Le leadership, James J. Cribbin
Le livre de l'étiquette, Marguerite du Coffre
*** La loi et vos droits,** Me Paul-Émile Marchand
Le meeting, Gary Holland
Le mémo, Cheryl Reimold
*** Mon automobile,** Gouvernement du Québec et Collège Marie-Victorin

Notre mariage — Étiquette et planification, Marguerite du Coffre
* **Le nouveau guide des bons restaurants 1991,** Josée Blanchette
* **L'orthographe en un clin d'œil,** Jacques Laurin
* **Ouvrir et gérer un commerce de détail,** C. D. Roberge et A. Charbonneau
Le patron, Cheryl Reimold
Piscines, barbecues et patios, Collectif
* **La prévention du crime,** Collectif
Prévoir les belles années de la retraite, Michael Gordon
Les relations publiques, Richard Doin et Daniel Lamarre
Les secrets des maîtres vendeurs, Henry Porter
La taxidermie moderne, Jean Labrie
* **Les techniques de jardinage,** Paul Pouliot
Techniques de vente par téléphone, James D. Porterfield
* **Le temps des purs — Les nouvelles valeurs de l'entreprise,** David Olive
* **Tests d'aptitude pour mieux choisir sa carrière,** Linda et Barry Gale
* **Tout ce que vous devez savoir sur le condominium,** Robert Dubois
Une carrière sur mesure, Denise Lemyre-Desautels
L'univers de l'astronomie, Robert Tocquet
La vente, Tom Hopkins

Affaires publiques, vie culturelle, histoire

* **Artisanat québécois, tome 4,** Cyril Simard et Jean-Louis Bouchard
La baie d'Hudson, Peter C. Newman
Beautés sauvages du Canada, Collectif
Bourassa, Michel Vastel
Les cathédrales de la mer, Marie-Josée Ouellet
Le cauchemar olympique ou l'envers de la médaille, Sylvain Lake
* **Claude Léveillée,** Daniel Guérard
* **Les conquérants des grands espaces,** Peter C. Newman
Dans la tempête — Le cardinal Léger et la révolution tranquille, Micheline Lachance
La découverte de l'Amérique, Timothy Jacobson
* **Dieu ne joue pas aux dés,** Henri Laborit
* **Duplessis, tome 1 — L'ascension,** Conrad Black
* **Duplessis, tome 2 — Le pouvoir,** Conrad Black
* **Les écoles de rang au Québec,** Jacques Dorion
L'establishment canadien, Peter C. Newman
* **Le frère André,** Micheline Lachance
La généalogie, Marthe F. Beauregard et Ève B. Malak
* **Gilles Villeneuve,** Gerald Donaldson
* **Gretzky — Mon histoire,** Wayne Gretzky et Rick Reilly
* **Les insolences du frère Untel,** Jean-Paul Desbiens
* **Larry Robinson,** Larry Robinson et Chrystian Goyens
Les mots de la faim et de la soif, Hélène Matteau
* **Notre Clémence,** Hélène Pedneault
* **Les nouveaux riches, tome 2 — L'establishment canadien,** Peter C. Newman
* **Option Québec,** René Lévesque
* **L'or des cavaliers thraces,** Collectif
Oui, René Lévesque
Parce que je crois aux enfants, Andrée Ruffo
Les patients du docteur Cameron, Anne Collins
* **Plamondon — Un cœur de rockeur,** Jacques Godbout
* **Le prince de l'église,** Micheline Lachance
* **Provigo,** René Provost et Maurice Chartrand

* **La saga des Molson,** Shirley E. Woods
Sauvez votre planète!, Marjorie Lamb
* **La sculpture ancienne au Québec,** John R. Porter et Jean Bélisle
* **Sous les arches de McDonald's,** John F. Love
* **Le temps des fêtes au Québec,** Raymond Montpetit
* **Trudeau le Québécois,** Michel Vastel
* **La vie antérieure,** Henri Laborit

Animaux

Le chat de A à Z, Camille Olivier
Le cheval, Michel-Antoine Leblanc
Le chien dans votre vie, Matthew Margolis et Catherine Swan
L'éducation canine, Gilles Chartier
L'éducation du chien de 0 à 6 mois, Dr Joël Dehasse et Dr Colette de Buyser
* **Encyclopédie des oiseaux du Québec,** W. Earl Godfrey
Le guide astrologique de votre chat, Éliane K. Arav
Le guide de l'oiseau de compagnie, Dr R. Dean Axelson
* **Mon chat, le soigner, le guérir,** Dr Christian d'Orangeville
* **Nos animaux,** D. W. Stokes et L. Q. Stokes
* **Nos oiseaux, tome 1,** Donald W. Stokes
* **Nos oiseaux, tome 2,** Donald W. Stokes et Lillian Q. Stokes
* **Nos oiseaux, tome 3,** Donald W. Stokes et Lillian Q. Stokes
* **Nourrir nos oiseaux toute l'année,** André Dion et André Demers
Vous et vos oiseaux de compagnie, Jacqueline Huard-Viaux
Vous et vos poissons d'aquarium, Sonia Ganiel
Vous et votre bâtard, Ata Mamzer
Vous et votre Beagle, Martin Eylat
Vous et votre Beauceron, Pierre Boistel
Vous et votre Berger allemand, Martin Eylat
Vous et votre Bernois, Pierre Van Der Heyden
Vous et votre Bobtail, Pierre Boistel
Vous et votre Boxer, Sylvain Herriot
Vous et votre Braque allemand, Martin Eylat
Vous et votre Briard, Pierre Van Der Heyden
Vous et votre Bulldog, Pierre Van Der Heyden
Vous et votre Bullmastiff, Pierre Van Der Heyden
Vous et votre Caniche, Sav Shira
Vous et votre Chartreux, Odette Eylat
Vous et votre chat de gouttière, Annie Mamzer
Vous et votre chat tigré, Odette Eylat
Vous et votre Chihuahua, Martin Eylat
Vous et votre Chow-chow, Pierre Boistel
Vous et votre Cockatiel (Perruche callopsite), Michèle Pilotte
Vous et votre Cocker américain, Martin Eylat
Vous et votre Collie, Léon Éthier
Vous et votre Dalmatien, Martin Eylat
Vous et votre Danois, Martin Eylat
Vous et votre Doberman, Paula Denis
Vous et votre Épagneul breton, Sylvain Herriot
Vous et votre Fox-terrier, Martin Eylat
Vous et votre furet, Manon Paradis
Vous et votre Golden Retriever, Paula Denis
Vous et votre Husky, Martin Eylat
Vous et votre Labrador, Pierre Van Der Heyden

Vous et votre Lévrier afghan, Martin Eylat
Vous et votre lézard, Michèle Pilotte
Vous et votre Lhassa Apso, Pierre Van Der Heyden
Vous et votre Loulou de Poméranie, Martin Eylat
Vous et votre perroquet, Michèle Pilotte
Vous et votre petit rongeur, Martin Eylat
Vous et votre Rottweiler, Martin Eylat
Vous et votre Schnauzer, Martin Eylat
Vous et votre serpent, Guy Deland
Vous et votre Setter anglais, Martin Eylat
Vous et votre Shih-Tzu, Martin Eylat
Vous et votre Siamois, Odette Eylat
Vous et votre Teckel, Pierre Boistel
Vous et votre Terre-Neuve, Marie-Edmée Pacreau
Vous et votre Tervueren, Pierre Van Der Heyden
Vous et votre tortue, André Gaudette
Vous et votre Westie, Léon Éthier
Vous et votre Yorkshire, Sandra Larochelle

Cuisine et nutrition

100 recettes de pain faciles à réaliser, Angéline Saint-Pierre
* **À table avec sœur Angèle,** Sœur Angèle
Les aliments qui guérissent, Jean Carper
Le barbecue, Patrice Dard
* **Bonne table et bon cœur,** Anne Lindsay
Brunches et petits déjeuners en fête, Yolande Bergeron
Cocktails de fruits non alcoolisés, Lorraine Whiteside
Combler ses besoins en calcium, Denyse Hunter
* **Comme chez grand-maman Biondi,** J. Biondi et C. Lanzillotta
Comment nourrir son enfant, Louise Lambert-Lagacé
* **Le compte-calories,** Micheline Brault-Dubuc et Liliane Caron-Lahaie
* **Le compte-cholestérol,** M. Brault-Dubuc et L. Caron-Lahaie
* **Les confitures,** Misette Godard
La congélation de A à Z, Joan Hood
Les conserves, Sœur Berthe
Crème glacée et sorbets, Yves Lebuis et Gilbert Pauzé
La cuisine au wok, Charmaine Solomon
Cuisine aux micro-ondes 1 et 2 portions, Marie-Paul Marchand
* **La cuisine chinoise traditionnelle,** Jean Chen
* **La cuisine créative Campbell,** Campbell
* **La cuisine joyeuse de sœur Angèle,** Sœur Angèle
Cuisiner avec le four à convection, Jehane Benoit
* **Cuisiner avec les champignons sauvages du Québec,** Claire L. Leclerc
* **Cuisine santé pour les aînés,** Denyse Hunter
Le défi alimentaire de la femme, Louise Lambert-Lagacé
* **La diète rotation,** Dr Martin Katahn
Faire son pain soi-même, Janice Murray Gill
* **Faire son vin soi-même,** André Beaucage
La fine cuisine aux micro-ondes, Patrice Dard
* **Gastronomie minute,** Julien Letellier
Le livre du café, Julien Letellier
Menus et recettes du défi alimentaire de la femme, Louise Lambert-Lagacé
Les menus minute Weight Watchers, Weight Watchers
Menus pour recevoir, Julien Letellier

Micro-ondes plus, Marie-Paul Marchand
Modifiez vos recettes traditionnelles, Denyse Hunter
Les muffins, Angela Clubb
La nouvelle cuisine micro-ondes, Marie-Paul Marchand et Nicole Grenier
La nouvelle cuisine micro-ondes II, Marie-Paul Marchand et Nicole Grenier
Les pâtes, Julien Letellier
* **La pâtisserie,** Maurice-Marie Bellot
La sage bouffe de 2 à 6 ans, Louise Lambert-Lagacé
Les tisanes qui font merveille, Dr Leonhard Hochenegg et Anita Höhne
* **Toutes les meilleures pizzas,** Joie Warner
* **Toutes les meilleures salades et vinaigrettes,** Joie Warner
* **Toutes les meilleures sauces pour les pâtes,** Joie Warner
Une cuisine sage, Louise Lambert-Lagacé
Votre régime contre l'arthrite, Helen MacFarlane
Votre régime contre le diabète, Martin Budd
Votre régime contre le psoriasis, Harry Clements
Votre régime pour contrôler le cholestérol, R. Newman Turner
Weight Watchers — La cuisine santé, Weight Watchers
Les yogourts glacés, Mable et Gar Hoffman

Plein air, sports, loisirs

* **100 trucs de billard,** Pierre Morin
52 Week-ends au Québec, André Bergeron
L'ABC du bridge, Frank Stewart et Randall Baron
Apprenez à patiner, Gaston Marcotte
L'arc et la chasse, Greg Guardo
Les armes de chasse, Charles Petit-Martinon
L'art du pliage du papier, Robert Harbin
La batterie sans professeur, James Blades et Johnny Dean
La bicyclette, Jean Corbeil
Carte et boussole, Björn Kjellström
Le chant sans professeur, Graham Hewitt
Le clavier électronique sans professeur, Roger Evans
* **Les clés du scrabble,** Pierre-André Sigal et Michel Raineri
Comment vivre dans la nature, Bill Rivière et l'équipe de L. L. Bean
Le conditionnement physique, Richard Chevalier, Serge Laferrière et Yves Bergeron
* **Construire des cabanes d'oiseaux,** André Dion
Corrigez vos défauts au golf, Yves Bergeron
* **Le curling,** Ed Lukowich
De la hanche aux doigts de pieds — Guide santé pour l'athlète, M. J. Schneider et M. D. Sussman
Devenir gardien de but au hockey, François Allaire
* **Le dictionnaire des bruits,** Jean-Claude Trait et Yvon Dulude
Exceller au baseball, Dick Walker
Exceller au football, James Allen
Exceller au softball, Dick Walker
Exceller au tennis, Charles Bracken
Exceller en natation, Gene Dabney
La flûte traversière sans professeur, Howard Harrison
Le golf au féminin, Yves Bergeron et André Maltais
Grandir en 100 exercices, Henri B. Zimmer
Le grand livre des sports, Le groupe Diagram
Le guide de la chasse, Jean Pagé
Le guide complet du judo, Louis Arpin

Le guide de l'alpinisme, Massimo Cappon
Le guide de la pêche au Québec, Jean Pagé
Guide des jeux scouts, Association des Scouts du Canada
Le guide de survie de l'armée américaine, Collectif
Guide de survie en forêt canadienne, Jean-Georges Desheneaux
La guitare, Peter Collins
La guitare sans professeur, Roger Evans
J'apprends à dessiner, Joanna Nash
J'apprends à nager, Régent la Coursière
Je me débrouille à la chasse, Gilles Richard
Je me débrouille à la pêche, Serge Vincent
Jeux pour rire et s'amuser en société, Claudette Contant
* **Jouez gagnant au golf,** Luc Brien et Jacques Barrette
Jouons au scrabble, Philippe Guérin
Le karaté Koshiki, Collectif
Le livre des patiences, Maria Bezanovska et Paul Kitchevats
* **Maîtriser son doigté sur un clavier,** Jean-Paul Lemire
Manuel de pilotage, Transport Canada
Le manuel du monteur de mouches, Mike Dawes
Le marathon pour tous, Pierre Anctil, Daniel Bégin et Patrick Montuoro
La médecine sportive, Dr Gabe Mirkin et Marshall Hoffman
La musculation pour tous, Serge Laferrière
* **La nature en hiver,** Donald W. Stokes
* **Les papillons du Québec,** Christian Veilleux et Bernard Prévost
* **Partons en camping!,** Archie Satterfield et Eddie Bauer
Partons sac au dos, Archie Satterfield et Eddie Bauer
Les passes au hockey, Claude Chapleau, Pierre Frigon et Gaston Marcotte
Photos voyage, Louis-Philippe Coiteux et Michel Frenette
Le piano jazz sans professeur, Bob Kail
Le piano sans professeur, Roger Evans
La planche à voile, Gérald Maillefer
La plongée sous-marine, Richard Charron
Le programme 5BX, pour être en forme,
Racquetball, Jean Corbeil
Racquetball plus, Jean Corbeil
Les règles du golf, Yves Bergeron
Rivières et lacs canotables du Québec, Fédération québécoise du canot-camping
S'améliorer au tennis, Richard Chevalier
Le saumon, Jean-Paul Dubé
* **Le scrabble,** Daniel Gallez
Les secrets du baseball, Jacques Doucet et Claude Raymond
Le solfège sans professeur, Roger Evans
La technique du ski alpin, Stu Campbell et Max Lundberg
Techniques du billard, Robert Pouliot
Le tennis, Denis Roch
Le tissage, Germaine Galerneau et Jeanne Grisé-Allard
Tous les secrets du golf selon Arnold Palmer, Arnold Palmer
La trompette sans professeur, Digby Fairweather
Le violon sans professeur, Max Jaffa
Le vitrail, Claude Bettinger
Le volley-ball, Fédération de volley-ball

Psychologie, vie affective, vie professionnelle, sexualité

30 jours pour redevenir un couple heureux, Patricia K. Nida et Kevin Cooney
30 jours pour un plus grand épanouissement sexuel, Alan Schneider et Deidre Laiken
Adieu Québec, André Bureau
À dix kilos du bonheur, Danielle Bourque
Aider mon patron à m'aider, Eugène Houde
* **Aider son enfant en maternelle et en première année,** Louise Pedneault-Pontbriand
À la découverte de mon corps — Guide pour les adolescentes, Lynda Madaras
À la découverte de mon corps — Guide pour les adolescents, Lynda Madaras
L'amour comme solution, Susan Jeffers
* **L'amour, de l'exigence à la préférence,** Lucien Auger
Les années clés de mon enfant, Frank et Theresa Caplan
Apprivoiser l'ennemi intérieur, Dr George R. Bach et Laura Torbet
L'art d'aider, Robert R. Carkhuff
L'art de l'allaitement maternel, Ligue internationale La Leche
L'art de parler en public, Ed Woblmuth
L'art d'être parents, Dr Benjamin Spock
L'autodéveloppement, Jean Garneau et Michelle Larivey
Avoir un enfant après 35 ans, Isabelle Robert
Bientôt maman, Janet Whalley, Penny Simkin et Ann Keppler
* **Le bonheur au travail,** Alan Carson et Robert Dunlop
Le bonheur possible, Robert Blondin
Ces hommes qui méprisent les femmes... et les femmes qui les aiment, Dr Susan Forward et Joan Torres
Ces hommes qui ne peuvent être fidèles, Carol Botwin
Ces visages qui en disent long, Jeanne-Élise Alazard
Changer ensemble — Les étapes du couple, Susan M. Campbell
Le cœur en écharpe, Stephen Gullo et Connie Church
Comment communiquer avec votre adolescent, E. Weinhaus et K. Friedman
Comment déborder d'énergie, Jean-Paul Simard
Comment faire l'amour à un homme, Alexandra Penney
Comment garder son homme, Alexandra Penney
Le complexe de Casanova, Peter Trachtenberg
Comprendre et interpréter vos rêves, Michel Devivier et Corinne Léonard
Découvrez votre quotient intellectuel, Victor Serebriakoff
Découvrir un sens à sa vie avec la logothérapie, Viktor E. Frankl
La deuxième année de mon enfant, Frank et Theresa Caplan
Les douze premiers mois de mon enfant, Frank Caplan
Les écarts de conduite, Dr John Pearce
* **En attendant notre enfant,** Yvette Pratte Marchessault
Les enfants de l'autre, Erna Paris
L'enfant unique — Enfant équilibré, parents heureux, Ellen Peck
L'étonnant nouveau-né, Marshall H. Klaus et Phyllis H. Klaus
Être soi-même, Dorothy Corkille Briggs
Évoluer avec ses enfants, Pierre-Paul Gagné
Exercices aquatiques pour les futures mamans, Joanne Dussault et Claudia Demers
La femme indispensable, Ellen Sue Stern
Finies les phobies!, Dr Manuel D. Zane et Harry Milt
La flexibilité — Savoir changer, c'est réussir, P. Donovan et J. Wonder
La force intérieure, J. Ensign Addington
Le grand manuel des arts divinatoires, Sasha Fenton
Le grand manuel des cristaux, Ursula Markham

Les grands virages — Comment tirer parti de tous les imprévus de la vie, R. H. Lauer et J. C. Lauer
La graphologie au service de votre vie intime et professionnelle, Claude Santoy
Le guide du succès, Tom Hopkins
L'histoire merveilleuse de la naissance, Jocelyne Robert
L'horoscope chinois 1991, Neil Somerville
L'infidélité, Wendy Leigh
L'intuition, Philip Goldberg
J'aime, Yves Saint-Arnaud
J'ai quelque chose à vous dire..., B. Fairchild et N. Hayward
J'ai rendez-vous avec moi, Micheline Lacasse
Le journal intime intensif, Ira Progoff
Lis cette page, s'il te plaît, N. Chesanow et G. L. Ersersky
Le mal des mots, Denise Thériault
Ma sexualité de 0 à 6 ans, Jocelyne Robert
Ma sexualité de 6 à 9 ans, Jocelyne Robert
Ma sexualité de 9 à 12 ans, Jocelyne Robert
La méditation transcendantale, Jack Forem
Le mensonge amoureux, Robert Blondin
Mon enfant naîtra-t-il en bonne santé?, Jonathan Scher et Carol Dix
* **Nous, on en parle,** Marcelle Lamarche et Pol Danheux
* **Parle-moi... j'ai des choses à te dire,** Jacques Salomé
Parlez-leur d'amour, Jocelyne Robert
Parlez pour qu'on vous écoute, Michèle Brien
Penser heureux — La conquête du bonheur, image par image, Lucien Auger
Perdant gagnant! — Réussissez vos échecs, Carole Hyatt et Linda Gottlieb
Père manquant, fils manqué, Guy Corneau
Les peurs infantiles, Dr John Pearce
* **Les plaisirs du stress,** Dr Peter G. Hanson
Pourquoi l'autre et pas moi? — Le droit à la jalousie, Dr Louise Auger
* **Pour vous future maman,** Trude Sekely
Préparez votre enfant à l'école, Louise Doyon-Richard
Prévenir et surmonter la déprime, Lucien Auger
* **Psychologie de l'amour romantique,** Dr Nathaniel Branden
Psychologie de l'enfant de 0 à 10 ans, Françoise Cholette-Pérusse
La puberté, Angela Hines
La puissance de la vie positive, Norman Vincent Peale
La puissance de l'intention, Richard J. Leider
Respirations et positions d'accouchement, Joanne Dussault
S'affirmer et communiquer, Jean-Marie Boisvert et Madeleine Beaudry
S'aider soi-même davantage, Lucien Auger
Se changer, Michael J. Mahoney
Se comprendre soi-même par des tests, Collaboration
Se connaître soi-même, Gérard Artaud
Se guérir de la sottise, Lucien Auger
La séparation du couple, Robert S. Weiss
La sexualité du jeune adolescent, Dr Lionel Gendron
Si je m'écoutais je m'entendrais, Jacques Salomé et Sylvie Galland
Si seulement je pouvais changer!, Patrick Lynes
Les soins de la première année de bébé, Paula Kelly
Stress et succès, Peter G. Hanson
Le syndrome de la fatigue chronique, Edmund Blair Bolles
Le syndrome de la corde au cou, Sonya Rhodes et Marlin S. Potash
La tendresse, Nobert Wölfl
Tout se joue avant la maternelle, Masaru Ibuka

Transformer ses faiblesses en forces, Dr Harold Bloomfield
Travailler devant un écran, Dr Helen Feeley
Un second souffle, Diane Hébert
Vouloir c'est pouvoir, Raymond Hull

Santé, beauté

30 jours pour avoir de beaux ongles, Patricia Bozic
30 jours pour cesser de fumer, Gary Holland et Herman Weiss
30 jours pour perdre son ventre (pour hommes), Roy Matthews et Nancy Burstein
* **L'ablation de la vésicule biliaire,** Jean-Claude Paquet
Alzheimer — Le long crépuscule, Donna Cohen et Carl Eisdorfer
L'arthrite, Dr Michael Reed Gach
Charme et sex-appeal au masculin, Mireille Lemelin
Comment arrêter de fumer pour de bon, Kieron O'Connor, Robert Langlois et Yves Lamontagne
Comment devenir et rester mince, Dr Gabe Mirkin
De belles jambes à tout âge, Dr Guylaine Lanctôt
Dormez comme un enfant, John Selby
Dos fort bon dos, David Imrie et Lu Barbuto
Être belle pour la vie, Bronwen Meredith
Le guide complet des cheveux, Philip Kingsley
L'hystérectomie, Suzanne Alix
Initiation au shiatsu, Yuki Rioux
Maigrir: la fin de l'obsession, Susie Orbach
Le manuel Johnson & Johnson des premiers soins, Dr Stephen Rosenberg
Les maux de tête chroniques, Antonia Van Der Meer
Maux de tête et migraines, Dr Jacques P. Meloche et J. Dorion
Mini-massages, Jack Hofer
Perdre son ventre en 30 jours, Nancy Burstein
Principe de la technique respiratoire, Julie Lefrançois
Programme XBX de l'aviation royale du Canada, Collectif
Le régime hanches et cuisses, Rosemary Conley
Le rhume des foins, Roger Newman Turner
Ronfleurs, réveillez-vous!, Jocelyne Delage et Jacques Piché
Savoir relaxer — Pour combattre le stress, Dr Edmund Jacobson
Le supermassage minute, Gordon Inkeles
Le syndrome prémenstruel, Dr Caroline Shreeve
Vivre avec l'alcool, Louise Nadeau

* Pour l'Amérique du Nord seulement

Achevé d'imprimer au Canada
Imprimerie Gagné Ltée Louiseville